◎ 河北省社会科学基金项目
◎ 乡村振兴战略背景下乡风文明建设作用机制及实践路径研究，项目批准号：HB23ZT015
◎ 中共河北省委党校（河北行政学院）资助出版

# 乡风文明建设作用机制及实践路径研究

刘　琳　池志勇　著

河北出版传媒集团
河北人民出版社
石家庄

## 图书在版编目（CIP）数据

乡风文明建设作用机制及实践路径研究 / 刘琳，池志勇著. -- 石家庄：河北人民出版社，2025.6.
ISBN 978-7-202-17585-9

Ⅰ.D422.62

中国国家版本馆CIP数据核字第2025U4X110号

| 书　　名 | 乡风文明建设作用机制及实践路径研究 |
|---|---|
| | Xiangfeng Wenming Jianshe Zuoyong Jizhi Ji Shijian Lujing Yanjiu |
| 著　　者 | 刘　琳　池志勇 |
| 责任编辑 | 牛海婷 |
| 美术编辑 | 王　婧 |
| 封面设计 | 寒　露 |
| 责任校对 | 余尚敏 |
| 出版发行 | 河北出版传媒集团　河北人民出版社 |
| | （石家庄市友谊北大街330号） |
| 印　　刷 | 定州启航印刷有限公司 |
| 开　　本 | 710毫米×1000毫米　1/16 |
| 印　　张 | 11.5 |
| 字　　数 | 160 000 |
| 版　　次 | 2025年6月第1版　2025年6月第1次印刷 |
| 书　　号 | ISBN 978-7-202-17585-9 |
| 定　　价 | 68.00元 |

版权所有　翻印必究

# 前　言

乡村振兴战略是2017年10月中国共产党第十九次全国代表大会上围绕"三农"问题正式提出的战略。之后，我国的农村地区发生了翻天覆地的变化，展现出一幅幅乡村振兴的壮丽画卷。至2020年年底，我国的脱贫攻坚战取得了决定性胜利。党中央审时度势，将全面推进乡村振兴确立为"三农"工作的重心，这一决策标志着我国农业农村发展进入了全面振兴的新阶段，也预示着"三农"战略部署的一次重大历史性转移。在这一新时期，中国正以更加坚定的步伐，向着农村美、农业强、农民富的美好愿景迈进。

乡风文明作为乡村振兴战略目标任务中的一项，也是社会主义新农村建设的重要内容。加强乡风文明建设不仅能繁荣广大农村地区的文化，也是培养新型农民的迫切需求。而乡风文明又与精神文明建设、文化建设紧密联系，推进乡村的这些工作，不仅可以提升广大农民群众的综合素质，还能促进农村经济的发展。同时，还可以协调各种利益关系，从而维持乡村的稳定发展。

乡风文明建设如何助力乡村振兴战略，如何加强乡风文明建设是当前需要梳理的内容，基于此写了《乡风文明建设作用机制及实践路径研究》一书，以期在本专业领域有所收获。

全书共分为八章，第一章、第二章引出乡村振兴战略、乡风文明建设的相关内容，包括乡村振兴战略的提出、目标任务以及意义；乡风文明建设的概念、特征、价值及意义。第三章、第四章主要梳理二者的关系，挖掘二者的内在一致性、内在逻辑、作用要素，从而论述乡风文明建设助力乡村振兴战略。从第五章开始，是乡风文明的实践部分。第五章到第八章分别从社会主义核心价值观、非物质文化遗产、中华优秀传统文化、生态旅游四个方面来阐述助力乡风文明建设。围绕是什么、怎么样、如何做的逻辑展开。

  本书特点鲜明，既注重理论深度，又强调实践应用，通过丰富的案例分析和策略探讨，为读者提供了可操作性强、针对性明确的实践指导。本书适用于乡村振兴领域的决策者、研究者、实践者以及广大关心乡村发展的社会各界人士。对于希望深入了解乡风文明建设内涵、探索乡村振兴新路径的读者来说，本书无疑是一本不可多得的参考指南。通过阅读本书，读者可以更加全面地把握乡风文明建设的精髓，为推动乡村振兴战略的深入实施贡献智慧和力量。

  由于时间、水平有限，书中难免存在疏漏之处，恳请广大读者批评指正，以便我们在未来的研究中不断完善和提高。

刘琳 池志勇<br>2024 年 9 月

# 目 录

**第一章 乡村振兴战略的提出、目标任务及意义 / 1**

　　第一节　乡村振兴战略的提出 / 1

　　第二节　乡村振兴战略的目标任务 / 11

　　第三节　乡村振兴战略的意义 / 16

**第二章 乡风文明建设概述 / 20**

　　第一节　乡风与文明 / 20

　　第二节　乡风文明的特征 / 27

　　第三节　乡风文明建设的价值及意义 / 32

**第三章 乡村振兴战略与乡风文明建设 / 38**

　　第一节　乡风文明建设对乡村振兴战略的作用 / 38

　　第二节　乡村振兴战略对乡风文明建设的影响 / 41

　　第三节　乡村振兴战略与乡风文明建设的内在一致性 / 45

**第四章 乡村振兴背景下乡风文明建设的作用机制及发展策略 / 52**

　　第一节　乡风文明建设助力乡村振兴的内在逻辑及作用要素 / 52

　　第二节　乡风文明助力乡村振兴的发展策略 / 56

## 第五章 社会主义核心价值观引领乡风文明建设的路径 / 61

第一节 社会主义核心价值观概述 / 61

第二节 社会主义核心价值观与乡风文明建设的内在关联 / 69

第三节 社会主义核心价值观引领乡风文明建设策略 / 75

第四节 案例：以社会主义核心价值观服务"三农" / 80

## 第六章 非物质文化遗产助力乡风文明建设路径 / 86

第一节 非物质文化遗产概述 / 86

第二节 非物质文化遗产传承与乡风文明建设的契合 / 93

第三节 非物质文化遗产助力乡风文明建设的策略 / 99

第四节 案例：体育非物质文化遗产助力乡风文明建设 / 103

## 第七章 中华优秀传统文化融入乡风文明建设路径 / 116

第一节 中华优秀传统文化概述 / 116

第二节 中华优秀传统文化对乡风文明建设的契合性分析及作用 / 126

第三节 中华优秀传统文化融入乡风文明建设的策略 / 130

第四节 案例：名人家风、家训融入乡风文明建设 / 136

## 第八章 生态旅游促进乡风文明建设路径 / 145

第一节 生态旅游概述 / 145

第二节 生态旅游与乡风文明建设的互动关联 / 154

第三节 生态旅游促进乡风文明建设的策略 / 159

第四节 案例：绿色发展引领乡风文明建设 / 166

**参考文献** / 171

# 第一章　乡村振兴战略的提出、目标任务及意义

"振兴"一词指振发兴举，增强活力，它与"衰落"相反。在人类的发展史上，乡村的"兴"与"衰"不断更替，又相互转化。而乡村衰落的诱因是城市化、工业化进程。党和国家面对这一时代背景，审时度势，从国家战略高度提出了乡村振兴战略，这一战略对农村的进一步发展有着积极深远的意义。

## 第一节　乡村振兴战略的提出

乡村振兴战略的提出，既放眼国际趋势，又立足于国内实际，是对我国农村未来发展的一次重大规划与部署。

### 一、乡村振兴战略提出的国际背景

审视人类文明的历史长河，乡村衰落成了一个全球性的议题，这是城市化、工业化进程所造成的结果。纵观世界乡村发展历史，乡村衰落包括"英国羊吃人式"与"拉美超前城市化式"两种形式。

## (一)"英国羊吃人式"衰落

英国在产业革命的推动下,实现了文明飞跃与现代化建设的迅速推进,成为"日不落帝国",但其发展是以牺牲广大英国农民的利益为代价的。在英国殖民地迅速扩张的背景下,羊毛与纺织品迎来了前所未有的市场空间。为了攫取巨额利润,殖民统治者对农民实施了残酷的剥削和压迫。他们迫使农民破产,将原本用于耕种的农田改造成牧场,以满足羊毛生产的需求。这些农民被迫转型成为工业劳动力,为纺织业的繁荣提供了廉价的人力资源。这一历史现象被学者形象地称为"羊吃人"的工业发展之路,它不仅揭示了资本主义原始积累的残酷性,也成为英国乡村逐渐衰落的深层次原因。

## (二)"拉美超前城市化式"衰落

拉丁美洲乡村衰落的核心症结在于过度城市化与超前城市化的叠加影响。该地区不少国家在获得独立后,城市化进程显著快于工业化步伐,甚至部分国家走上了无工业化的城市化发展路径。在此过程中,政府对乡村建设的投入逐渐减少,农民纷纷放弃耕地,大批涌入城市寻求新的生活机会,使得城市人口在短时间内急剧增加,最重要的是城市的各项建设明显不能满足急剧增长的人口的需求,这样大批农民的涌入带来了"城市病"——城市的周边出现了"贫民窟",这些"贫民窟"的典型特征是脏乱差,还是犯罪的高发场所。这个现象被概括为"拉美超前城市化式"衰落。

## (三)其他普遍现象

除了以上两种典型的乡村衰落外,还存在其他一些乡村衰落的普遍现象。在全球范围内城镇化和城乡发展过程中,乡村地区普遍面临着衰落的挑战。这种衰落体现在多个方面,包括地理的空心化、经济活动的萎缩以及人口的持续外流。城镇化是乡村人口逐渐向城镇聚集的过程。

伴随着城镇边界的不断拓宽，乡村不断萎缩。从某种程度上来说，当今发展中国家正在经历发达国家的城镇化历程。西方的发达国家，如美国、英国、法国、德国等，在20世纪中叶城镇化程度已经很高了，但其城镇化脚步并没有停止。当前，乡村地区仍面临着人口大量外流的严峻挑战。随着越来越多的人选择涌入城镇，乡村逐渐出现了房屋空置、土地闲置以及老龄化加剧的问题。这一现象不仅导致了乡村产业的空心化，还使得部分农村失去了原有的活力和发展动力。值得注意的是，东亚地区的日本在发展过程中也遭遇了类似的困境。日本的乡村地区出现了过疏化现象，农村人口持续减少，收入水平下滑，人口老龄化问题日益严重，同时村庄的公共性也逐渐衰退。

在广大发展中国家，情况显得尤为复杂。一方面，由于城市发展尚未达到成熟阶段，大量涌入城市的农民往往只能聚集在城市的边缘地带，形成了贫民窟这一特殊的社会现象。这些地区基础设施薄弱，生活条件恶劣，成为城市发展的痛点。另一方面，乡村人口的大量外流，使得乡村地区面临着严重的劳动力短缺问题。这种短缺不仅影响了农业生产的正常进行，还导致了农村社会的退化和经济的衰退，加剧了乡村的衰落。

## 二、乡村振兴战略提出的国内背景

### （一）城乡发展不平衡与"三农"问题

中华人民共和国成立以来，全国各族人民在中国共产党的带领下，团结一心，攻坚克难，开拓进取，全身心投入社会主义建设中，创造了一个又一个的奇迹，中华民族也迎来了从站起来、富起来到强起来的伟大飞跃。以党的十九大为标志，中国特色社会主义进入了新时代，中华民族也踏上了民族复兴的新征程。

当前，中国社会的主要矛盾已经转化为人民日益增长的美好生活需要和不平衡不充分的发展之间的矛盾。不平衡不充分的发展主要体现为城乡发展不平衡、农村发展不充分，要解决这两大问题，需要将重点放在解决"三农"问题上。

农业、农村问题是农耕社会向工业社会迈进与演变过程中，因为经济社会的发展变化与结构性调整而产生的，随着工业化、城市化进程以及城乡二元经济体制的形成而不断加重，并在20世纪90年代凸显。特别是进入21世纪以后，工业与农业、城市与乡村的不平衡发展带来了很多社会问题，"三农"问题也交织其中，一定程度上制约了我国经济的发展。

中华人民共和国成立以来，社会各个领域不断发展，城市工业迎来高速发展，并取得了质的飞跃；"三农"问题也有了很大的缓解，但与城市工业相比，其发展仍呈现出不平衡的状况。一直到今天，城乡发展不平衡、农村（乡村）发展不充分的问题成了我国经济进一步发展的瓶颈，亟待解决。

"三农"问题不单单是农业、农村、农民本身的问题，而是三者相互交织形成的问题。"三农"问题涉及经济发展的方方面面，需要国家从发展全局的高度、发展战略的高度来解决。

### （二）新时代所具备的条件

改革开放以来，我国的经济实力和综合国力都显著提升，为解决"三农"问题提供了条件。

#### 1. 物质条件

经初步核算，2023年国内生产总值1260582亿元①，比上年增长5.2%。其中，第一产业增加值89755亿元，比上年增长4.1%；第二产业增加值482589亿元，增长4.7%；第三产业增加值688238亿元，增长5.8%。第一产业增加值占国内生产总值比重为7.1%，第二产业增加值比重为

---

① 国内生产总值、三次产业及相关行业增加值、地区生产总值、人均国内生产总值和国民总收入绝对数按现价计算，增长速度按不变价格计算。

38.3%，第三产业增加值比重为54.6%。① 而1978年国内生产总值3679亿元，其中第一产业1019亿元，第二产业1755亿元，第三产业905亿元。② 由此可见，我国经济建设所取得的辉煌成就，为乡村振兴战略的实施提供了丰厚的物质条件。

2. 政策保障

中华人民共和国成立以来，农业发展与农村建设取得了令人瞩目的成就，并积累了大量宝贵的实践经验。这些成就与经验为乡村振兴战略的全面实施奠定了扎实的工作基础。其中，中国特色社会主义制度为乡村振兴战略的实施提供了政策保障。

一直以来，党中央对"三农"问题非常重视，为实施乡村振兴战略积累了丰富的实践经验。

1982—1986年连续五年的中央一号文件都以"三农"为主题。

2004—2019年，连续十六年的中央一号文件都聚焦"三农"，社会主义新农村、统筹城乡发展、新农村建设、特色小镇建设、田园综合体建设等都是这一时期提出来的。

从2017年提出乡村振兴战略以来，国家印发了多个文件，出台了多项政策，如表1-1所示。

表1-1 关于乡村振兴战略的政策文件

| 序 号 | 颁布时间 | 文件名称 |
|---|---|---|
| 1 | 2018年 | 《中共中央 国务院关于实施乡村振兴战略的意见》 |
| 2 | 2018年 | 《乡村振兴战略规划（2018—2022年）》 |

---

① 国家统计局：《中华人民共和国2023年国民经济和社会发展统计公报》，https://www.stats.gov.cn/xxgk/sjfb/tjgb2020/202402/t20240229_1947923.html，访问日期：2024年8月5日。

② 国家统计局：《波澜壮阔四十载 民族复兴展新篇——改革开放40年经济社会发展成就系列报告之一》，https://www.stats.gov.cn/zt_18555/ztfx/ggkf40n/202302/t20230209_1902581.html，访问日期：2024年8月5日。

续　表

| 序号 | 颁布时间 | 文件名称 |
| --- | --- | --- |
| 3 | 2019年 | 《中共中央 国务院关于坚持农业农村优先发展做好"三农"工作的若干意见》 |
| 4 | 2020年 | 《中共中央 国务院关于抓好"三农"领域重点工作确保如期实现全面小康的意见》 |
| 5 | 2020年 | 《中共中央 国务院关于实现巩固拓展脱贫攻坚成果同乡村振兴有效衔接的意见》 |
| 6 | 2021年 | 《中共中央 国务院关于全面推进乡村振兴加快农业农村现代化的意见》 |
| 7 | 2022年 | 《中共中央 国务院关于做好 2022年全面推进乡村振兴重点工作的意见》 |
| 8 | 2023年 | 《中共中央 国务院关于做好 2023年全面推进乡村振兴重点工作的意见》 |
| 9 | 2024年 | 《中共中央 国务院关于学习运用"千村示范、万村整治"工程经验有力有效推进乡村全面振兴的意见》 |

2018 年 1 月，中共中央、国务院印发了《中共中央 国务院关于实施乡村振兴战略的意见》，对实施乡村振兴战略进行了全面部署。①

2018 年 9 月，中共中央、国务院印发了《乡村振兴战略规划（2018—2022 年）》，该规划以习近平总书记关于"三农"工作的重要论述为指导，按照产业兴旺、生态宜居、乡风文明、治理有效、生活富裕的总要求，对实施乡村振兴战略作出阶段性谋划，分别明确至 2020 年全面建成小康社会和 2022 年召开党的二十大时的目标任务。②

2019 年 1 月，中共中央、国务院印发了《中共中央 国务院关于坚持农业农村优先发展做好"三农"工作的若干意见》。该文件指出："做好'三农'工作，要以习近平新时代中国特色社会主义思想为指导，全面贯彻党的十九大和十九届二中、三中全会以及中央经济工作会议精神，紧

---

① 中国政府网：《中共中央 国务院关于实施乡村振兴战略的意见》，https://www.gov.cn/zhengce/2018-02/04/content_5263807.htm，访问日期：2024 年 8 月 5 日。

② 中国政府网：中共中央 国务院印发《乡村振兴战略规划（2018—2022 年）》，https://www.gov.cn/zhengce/2018-09/26/content_5325534.htm，访问日期：2024 年 8 月 5 日。

紧围绕统筹推进'五位一体'总体布局和协调推进'四个全面'战略布局，牢牢把握稳中求进工作总基调，落实高质量发展要求，坚持农业农村优先发展总方针，以实施乡村振兴战略为总抓手，对标全面建成小康社会'三农'工作必须完成的硬任务。"①

2020年1月，中共中央、国务院印发了《中共中央 国务院关于抓好"三农"领域重点工作确保如期实现全面小康的意见》，该文件指出："做好2020年'三农'工作总的要求是，坚持以习近平新时代中国特色社会主义思想为指导，全面贯彻党的十九大和十九届二中、三中、四中全会精神，贯彻落实中央经济工作会议精神，对标对表全面建成小康社会目标，强化举措、狠抓落实，集中力量完成打赢脱贫攻坚战和补上全面小康'三农'领域突出短板两大重点任务，持续抓好农业稳产保供和农民增收，推进农业高质量发展，保持农村社会和谐稳定，提升农民群众获得感、幸福感、安全感，确保脱贫攻坚战圆满收官，确保农村同步全面建成小康社会。"②

2020年12月，中共中央、国务院印发了《中共中央 国务院关于实现巩固拓展脱贫攻坚成果同乡村振兴有效衔接的意见》，该文件指出："打赢脱贫攻坚战、全面建成小康社会后，要进一步巩固拓展脱贫攻坚成果，接续推动脱贫地区发展和乡村全面振兴。"③

2021年1月，中共中央、国务院印发了《中共中央 国务院关于全面推进乡村振兴加快农业农村现代化的意见》，该文件指出："新发展阶段

---

① 中国政府网：《中共中央 国务院关于坚持农业农村优先发展做好"三农"工作的若干意见》，https://www.gov.cn/gongbao/content/2019/content_5370837.htm，访问日期：2024年8月5日。
② 中国政府网：《中共中央 国务院关于抓好"三农"领域重点工作确保如期实现全面小康的意见》，https://www.gov.cn/gongbao/content/2020/content_5480477.htm，访问日期：2024年8月5日。
③ 中国政府网：《中共中央 国务院关于实现巩固拓展脱贫攻坚成果同乡村振兴有效衔接的意见》，https://www.gov.cn/gongbao/content/2021/content_5598113.htm，访问日期：2024年8月5日。

'三农'工作依然极端重要，须臾不可放松，务必抓紧抓实。要坚持把解决好'三农'问题作为全党工作重中之重，把全面推进乡村振兴作为实现中华民族伟大复兴的一项重大任务，举全党全社会之力加快农业农村现代化，让广大农民过上更加美好的生活。"①

2022年1月，中共中央、国务院印发了《中共中央 国务院关于做好2022年全面推进乡村振兴重点工作的意见》，该文件指出："做好2022年'三农'工作，要以习近平新时代中国特色社会主义思想为指导，全面贯彻党的十九大和十九届历次全会精神，深入贯彻中央经济工作会议精神，坚持稳中求进工作总基调，立足新发展阶段、贯彻新发展理念、构建新发展格局、推动高质量发展。"②

2023年1月，中共中央、国务院印发了《中共中央 国务院关于做好2023年全面推进乡村振兴重点工作的意见》，该文件指出："必须坚持不懈把解决好'三农'问题作为全党工作重中之重，举全党全社会之力全面推进乡村振兴，加快农业农村现代化。强国必先强农，农强方能国强。要立足国情农情，体现中国特色，建设供给保障强、科技装备强、经营体系强、产业韧性强、竞争能力强的农业强国。"③

2024年1月，中共中央、国务院印发了《中共中央 国务院关于学习运用"千村示范、万村整治"工程经验有力有效推进乡村全面振兴的意见》，该文件指出："做好2024年及今后一个时期'三农'工作，要以习近平新时代中国特色社会主义思想为指导，全面贯彻落实党的二十大

---

① 中国政府网:《中共中央 国务院关于全面推进乡村振兴加快农业农村现代化的意见》，https://www.gov.cn/gongbao/content/2021/content_5591401.htm，访问日期：2024年8月5日。

② 中国政府网:《中共中央 国务院关于做好2022年全面推进乡村振兴重点工作的意见》，https://www.gov.cn/gongbao/content/2022/content_5678065.htm，访问日期：2024年8月5日。

③ 中国政府网:《中共中央 国务院关于做好2023年全面推进乡村振兴重点工作的意见》，https://www.gov.cn/gongbao/content/2023/content_5743582.htm，访问日期：2024年8月5日。

第一章 乡村振兴战略的提出、目标任务及意义

和二十届二中全会精神,深入贯彻落实习近平总书记关于'三农'工作的重要论述,坚持和加强党对'三农'工作的全面领导,锚定建设农业强国目标,以学习运用'千万工程'经验为引领,以确保国家粮食安全、确保不发生规模性返贫为底线,以提升乡村产业发展水平、提升乡村建设水平、提升乡村治理水平为重点,强化科技和改革双轮驱动,强化农民增收举措,打好乡村全面振兴漂亮仗,绘就宜居宜业和美乡村新画卷,以加快农业农村现代化更好推进中国式现代化建设。"①

以上文件充分说明了党和国家对"三农"问题、对乡村振兴的重视,党和国家正在稳步推进"三农"建设,以有效推进乡村的全面振兴。

### (三) 实现全体人民共同富裕关键点和薄弱点在农村和农民

习近平在谈到共同富裕时强调:"共同富裕是社会主义的本质要求,是中国式现代化的重要特征。"他还强调:"促进共同富裕,最艰巨最繁重的任务仍然在农村。"② 2021 年,我国取得了脱贫攻坚战的全面胜利,实现了全面建成小康社会的目标,这标志着党和国家在实现共同富裕上取得了阶段性的胜利。但需要强调的是,当前城乡之间包括农村内部仍然存在着贫富差距,不平衡不充分发展的问题在农村表现得更加明显,这些现象突出体现在农民个人身上。在我国,农业人口基数大,农民是社会结构的基础,要想实现共同富裕,关键在农村,重点在农民。

无论过去、现在还是未来,党在执政中都要将农民紧紧团结在党的周围。回望近代历史,农民成为中国革命取得胜利的决定性力量。在中华人民共和国成立初期,农业和农民保障了工业化的发展。在改革开放过程中,中国农民成为改革开放的开创者、闯路人。在社会主义建设中,中国农民是最坚定的支持者和建设者,因此党十分重视"三农"工作,

---

① 中国政府网:《中共中央 国务院关于学习运用"千村示范、万村整治"工程经验有力有效推进乡村全面振兴的意见》,https://www.gov.cn/gongbao/2024/issue_11186/202402/content_6934551.html,访问日期:2024 年 8 月 5 日。

② 习近平:《扎实推动共同富裕》,《求是》2021 年第 20 期。

采取了一系列政策措施解决"三农"问题，推进乡村振兴。虽然"三农"工作取得了一些成效，但目前广大农民的生活条件仍然需要改善。要建成社会主义现代化强国，需要实现农业、农村的现代化，需要实现乡村振兴。

### 三、乡村振兴战略的提出及发展

中国拥有超过五千年的灿烂历史，乡村作为中华民族传统文明的摇篮，自古以来便是社会发展的重要基石，其繁荣与否往往成为衡量国家是否昌盛的重要标志。

2017年10月18日至24日，党的十九大胜利召开，会上明确提出"实施乡村振兴战略"的重大决策。报告强调，必须始终把解决好"三农"问题作为全党工作重中之重。为了全面推动乡村振兴，我国确立了"产业兴旺、生态宜居、乡风文明、治理有效、生活富裕"的二十字总体要求，这既是对乡村振兴全面性的高度概括，也是对未来发展方向的明确指引。

2017年12月，中央农村工作会议对乡村振兴战略实施制定了"三步走"的目标任务。

第一步：到2020年，乡村振兴要取得重要阶段性成果，乡村振兴的制度框架和政策体系初步构建完成，为后续的深入发展奠定坚实基础。

第二步：到2035年，乡村振兴将迈入决定性阶段，农业农村现代化基本实现，农业生产力大幅提升，农村面貌焕然一新，农民生活显著改善。

第三步：到2050年，乡村将实现全面振兴，农业强、农村美、农民富全面实现。

在中央农村工作会议上，我国首次明确提出走中国特色社会主义乡村振兴道路的战略方向。这是一条城乡融合发展之路，旨在促进城乡要素平等交换和公共资源均衡配置；这是一条质量兴农之路，强调以提升农产品供给质量为主攻方向，推动农业高质量发展；这是一条共同富裕之路，致力于让广大农民共享改革发展成果；这是一条乡村绿色发展之路，坚持绿色发展理念，推动乡村生态文明建设；这是一条乡村善治之路，加强和创新乡村治理，构建自治、法治、德治相结合的乡村治理体系；这是一条乡村文化兴盛之路，弘扬中华优秀传统文化，培育文明乡风、良好家风、淳朴民风；同时，这也是一条中国特色减贫之路，持续巩固拓展脱贫攻坚成果，推动乡村全面振兴。通过坚定不移地走中国特色社会主义乡村振兴道路，我国将努力让农业成为有前景、有奔头的产业，让农民成为有尊严、有吸引力的职业，让农村成为宜居宜业、和谐美丽的家园。

全党务必充分认识新发展阶段做好"三农"工作的重要性和紧迫性，坚持把解决好"三农"问题作为全党工作重中之重，举全党全社会之力推动乡村振兴，促进农业高质高效、乡村宜居宜业、农民富裕富足。

2022年10月16日，习近平在党的二十大报告中为全面推进乡村振兴指明了方向，可概括为以下几点：坚持农业农村优先发展；加快建设农业强国；全方位夯实粮食安全根基；树立大食物观；发展乡村特色产业；巩固拓展脱贫攻坚成果；统筹乡村基础设施和公共服务布局；巩固和完善农村基本经营制度；深化农村土地制度改革；保障进城落户农民合法土地权益；完善农业支持保护制度。

## 第二节 乡村振兴战略的目标任务

乡村振兴战略是新时代解决"三农"问题的总抓手，承载着实现农业强、农村美、农民富的宏伟目标。乡村振兴战略的目标任务不仅着眼于短期内的显著进展，也着眼于长远的历史性跨越。

## 一、乡村振兴战略的目标任务

按照党的十九大提出的决胜全面建成小康社会、分两个阶段实现第二个百年奋斗目标的战略安排,实施乡村振兴战略的目标任务被明确规划为以下三个阶段。

### (一)2020年目标

到2020年,乡村振兴工作取得显著成就,制度架构与政策体系初步构建完毕。农业生产综合能力实现稳步提高,农产品供给体系的质量得到显著提升,农村第一、第二、第三产业融合发展的步伐进一步加快。农民收入来源更加多元化,城乡居民生活水平差距持续缩小,逐步趋向均衡。在现行标准下,农村贫困人口全面脱贫,所有贫困县均成功摘帽,区域性整体贫困问题得到有效解决。农村基础设施建设持续深入,农村居住环境得到显著改善,美丽宜居乡村的建设工作稳步推进。城乡基本公共服务均等化取得新进展,城乡融合发展的体制机制初步建立,为城乡一体化发展奠定坚实基础。此外,农村对人才的吸引力逐渐增强,为乡村振兴提供有力的人才支撑。在生态环境保护方面,农村生态环境得到明显改善,农业生态服务能力得到进一步提升。以党组织为核心的农村基层组织建设不断加强,乡村治理体系更加完善,为乡村的稳定和发展提供有力保障。党的农村工作领导体制机制进一步健全,为乡村振兴提供坚强的政治保障。各地区、各部门在推进乡村振兴的过程中,形成各具特色、行之有效的思路和举措,为乡村振兴战略的深入实施提供有力支撑。

### (二)2035年目标

到2035年,乡村振兴迈入一个全新的阶段,取得决定性的进展,农业农村现代化基本实现。农业结构得到根本性优化与调整,农民的就业质量显著提升,共同富裕迈出更加坚实的步伐。城乡基本公共服务均等化基本实现，城乡融合发展体制机制更加完善，为城乡一体化发展注入新的活力。在乡村文明建设方面，乡风文明达到一个新的高度，乡村治理体系更加健全，为乡村的和谐稳定提供有力保障。农村生态环境得到根本性的改善，美丽宜居乡村的愿景基本实现。乡村将不再是落后的代名词，而是人们向往的宜居之地。

（三）2050年目标

到2050年，乡村全面振兴的宏伟蓝图变为现实，"农业强、农村美、农民富"的目标将全面实现。

## 二、乡村振兴战略目标任务的特征

乡村振兴战略的目标任务是党的战略规划成果，有着鲜明的特征，主要表现为以下几个方面，如图1-1所示。

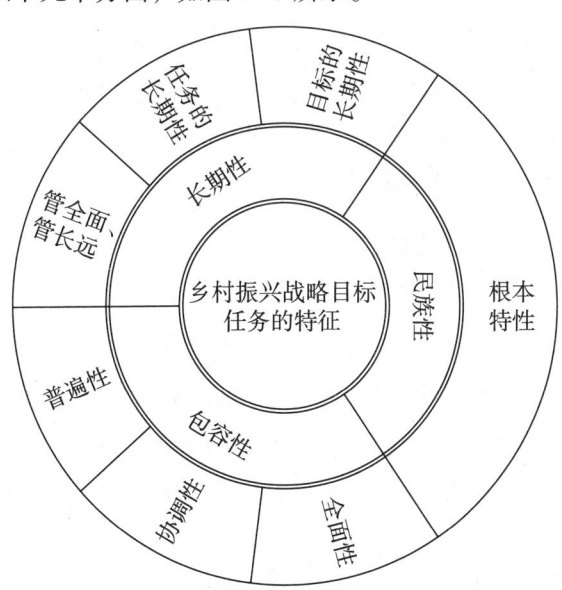

图1-1 乡村振兴战略目标任务的特征

## （一）民族性

民族性是乡村振兴战略的根本特性，它贯穿于乡村振兴战略规划与实施的全过程，体现了我国乡村发展的独特民族特征。乡村振兴战略目标任务是紧紧围绕中国国情与农业实际而制定的，精准对接新时代乡村建设以及广大农民的迫切需求，其有效性已在长期实践中得到验证。

进一步说，乡村振兴战略目标任务聚焦于我国发展薄弱但潜力巨大的广大乡村，直击发展不平衡不充分的现状，反映了新时代中国社会主要矛盾的变化趋势。乡村振兴战略的目标任务承载着民族复兴的强烈使命，致力于打破长期存在的城乡二元结构壁垒，解决城乡发展失衡问题，力求实现乡村全面繁荣与复兴的宏伟蓝图。

乡村振兴战略的目标任务根植于我国近一个世纪以来乡村建设的实践之中，它是中华民族伟大复兴过程中历史经验的结晶，不仅是对过往实践的总结与升华，还在长期的探索与验证中形成了坚实的民族根基，这一目标任务确保了乡村振兴战略朝着正确的方向发展。

## （二）包容性

在乡村振兴的宏伟蓝图中，实施主体具有普遍性。乡村振兴不仅仅是一项农民自己的事业，更是全社会共同的责任和使命。农民作为乡村的主人翁，自然应当积极参与其中；同时，社会其他力量也不可或缺，他们的加入能为乡村振兴注入新的活力和动力。

乡村振兴战略的实施内容展现出全面性的特征。它不仅仅局限于经济层面的发展，更涵盖了民主政治的完善、教育文化的繁荣、生态环境的保护等多个方面。这种全面性的目标任务，要求人们在推进乡村振兴的过程中必须综合考虑各种因素，实现经济、政治、文化、生态的协调发展。因此，乡村振兴战略目标任务具有鲜明的全面性和包容性特征。

乡村振兴战略目标任务在实施进程中体现着协调性特征，表现为乡村振兴战略遵循经济社会发展的规律，致力于解决乡村发展的经济与社会"脱嵌"的问题,更注重补齐乡村建设各方面的不足,因此其实施进程体现着协调性特征。

乡村振兴战略目标任务的根本在于让全体人民共同享有发展的成果。这一成果的共享基础是"总体差异"的理念。"总体"强调的是,每一个人都拥有平等的发展机遇,无论身处何地,都能参与发展的进程,最终的发展成就将惠及全体民众,实现共享。"差异"则指这种共享并非简单的平均分配,而是根据各自的实际情况和贡献,让每个人都能在发展中找到自己的位置,享受到与自己的努力相匹配的成果。个体因为天赋、需求、发展程度、能力差异等不同,使得共享有所区别。从这一方面看,乡村振兴目标任务具有包容性的特征。

### (三)长期性

乡村振兴战略的目标任务具有长期性,这是推进乡村振兴的必然要求和内在逻辑。在实施过程中,人们必须树立一种长远的战略意识,认识到乡村振兴不是一蹴而就的短期行为,而是需要持之以恒、久久为功的长期奋斗。这种战略意识将指引人们不断前行,克服前进道路上的各种困难和挑战,最终实现乡村振兴的宏伟目标。

#### 1.目标的长期性

乡村振兴战略的目标宏伟远大,它关乎整个国家的未来和人民的福祉,需要举国上下齐心协力,共同为之奋斗。这就决定了乡村振兴战略的目标任务具有长期性。它需要我们一代又一代人接力前行,才能最终实现那美好的愿景。

#### 2.任务的长期性

乡村振兴战略的任务并不是只聚焦于乡村本身,其涉及的内容非常广泛。除了乡村本身之外,乡村振兴战略还追求乡村与新型城镇化建设的结合,从而形成"双轮"驱动,助力全面发展。乡村振兴战略的任务是建立在实现中华民族伟大复兴的基础上的,因此具有长期性。

### 3. 管全面、管长远

乡村振兴战略目标任务蕴含的实施理念具有管全面、管长远的特点。所谓管全面,指的是乡村振兴所振兴的是乡村的方方面面,包括农村文化、治理、民生、生态在内的发展,尤其是乡村的社会建设,最终要实现乡村整体水平的提高。而管长远指的是乡村振兴不仅是攻坚战,还是持久战。乡村振兴战略作为党和国家的大战略,是一项长期的历史任务,需要党和国家逐步推进。因此,党中央制定了乡村振兴战略实施的三个阶段性目标任务。

## 第三节 乡村振兴战略的意义

党的十九大报告提出了乡村振兴战略,这一战略不仅承载着历史使命,还蕴含着丰富的理论价值与实践意义。

从历史维度审视,乡村振兴战略是我国在发展到新的历史起点时,对过往经验的总结和对未来蓝图的绘制。它标志着我国在推进城乡发展、促进城乡一体化进程上迈出了更加坚实的步伐,为乡村的全面振兴指明了方向。从理论层面剖析,乡村振兴战略是深化改革开放、完善社会主义市场经济体制的重要战略部署。它通过制度创新和政策引导,有效应对市场调控过程中的不足,为乡村经济的持续健康发展提供强有力的制度保障和理论支撑。

从实践层面来看,乡村振兴战略积极响应了广大人民群众的新期盼,是践行以人民为中心的发展思想的具体体现。乡村振兴战略聚焦于农业的提质增效、农村环境的保护建设以及农民群体的全面发展,从而提升

第一章　乡村振兴战略的提出、目标任务及意义

农业现代化水平,打造宜居宜业的美丽乡村。此外,乡村振兴战略还切实解决农业现代化、新农村建设及农民发展面临的现实问题,让乡村振兴的成果惠及广大农民群众。

乡村振兴战略的意义主要包括以下几点。

## 一、实施乡村振兴战略是新时代解决我国社会主要矛盾的迫切要求

党的十九大报告宣告中国特色社会主义迈入了新时代,清晰界定了我国发展的新的历史方位。进入新时代,我国社会的主要矛盾发生了深刻变化,转变为人民日益增长的美好生活需要和不平衡不充分的发展之间的矛盾。这一矛盾的新变化对经济社会的发展提出了更高、更全面的要求。

随着工业化浪潮以及城市化进程的不断加快,社会的各个领域都有了发展,但在发展过程中也加剧了城乡之间的分化,乡村内部同样出现分化,呈现出发展不均衡的态势。当前,城乡发展的不均衡以及乡村内部存在的差异,构成了发展不平衡的主要方面。其中,"三农"领域的不平衡问题尤为显著。具体表现在:农业现代化进程推进不够充分,与城市工业化发展相比存在明显差距;社会主义新农村的建设尚不完善,乡村基础设施、公共服务等方面仍有待加强;农民群体在教科文卫等方面的发展水平提升不够充分,享受现代社会发展成果的程度有限。

从全面建成小康社会,到迈向基本实现社会主义现代化的壮丽征程,再到社会主义现代化强国的辉煌目标,其中每一步战略部署的稳健前行,均深植于对新时代社会主要矛盾的深刻洞察与精准把握。

乡村振兴战略作为新时代背景下应运而生的重大战略,不仅是破解当前发展不平衡不充分问题的"金钥匙",还是引领农业、农村迈向全面发展,加速城乡深度融合,推动农民共同富裕的必由之路。乡村振兴战略的实施,使得城乡发展的差距逐步缩小,且乡村振兴战略聚焦并补齐农村发展的薄弱环节,确保改革发展成果能够广泛惠及广大农民群众,

让广大农民群众共享繁荣富强的新时代成果。

## 二、实施乡村振兴战略是实现全体人民共同富裕的必然要求

共同富裕是中华民族长期以来不懈追求的美好愿景，其内涵随着时代的发展而不断丰富和深化。当前，要实现全体人民共同富裕的宏伟目标，首先需要摆脱贫困现状。除此之外，逐步缩小城乡之间的发展差距，是实现乡村振兴目标的关键一环。在乡村振兴战略中，一个核心的内在衡量标准便是"农民富"。这意味着乡村振兴的各项工作要与贫困治理紧密结合起来，通过多种途径增加农民的收入，提升他们的生活水平。这不仅是推动乡村振兴的重要前提，也是新时代我国实现共同富裕这一目标的必经之路。

实施乡村振兴战略主要通过促进乡村产业兴旺巩固脱贫成果，防止绝对贫困现象的再次出现。同时，实施乡村振兴战略可以加快发展乡村社会事业，这是解决后续农民面临的相对贫困和复合型贫困问题的关键。

乡村振兴战略的实施，不仅涵盖着"三农"的范畴，也涵盖了乡村的经济、社会、文化等各个领域和环节。这一战略对于加速农业现代化进程、保障农民的基本生存权利以及推动农村社会的整体进步，有着不可估量的作用。因此，要实现全体人民的共同富裕，需要实施乡村振兴战略。

## 三、实施乡村振兴战略是国家实行对外开放经济战略进行组合配套系统的重要抓手

改革开放以来，我国始终坚持社会主义市场经济改革方向，充分发挥市场在资源配置中的决定性作用，市场的地位日益突出，有效提升了社会资源配置效率，激发了巨大的生产潜能，促进了社会分工的不断深化与细化。然而，随着市场经济的持续深入发展，人们必须正视其可能带来的风险以及潜在的问题。因此，我国需要进一步拓展稀缺资源的配置空间和范围。

为应对以上挑战，国家采取了相应的战略布局：一方面，积极推行

开放型经济的新体制,以"一带一路"倡议为引领,加强开放与合作,深化对外贸易伙伴关系,探索贸易的新业态、新模式,加速向贸易强国目标迈进,同时致力于推进高标准的贸易和投资自由化、便利化政策,创新对外投资的方式方法,推动国际产能的深度合作,构建起国际经济合作与竞争的新优势。另一方面,将乡村振兴战略作为国内发展的抓手,作为推动国内经济稳定增长的引擎。这一战略与对外开放战略相互呼应,各有侧重,又相互补充,共同构成了推动我国经济长期、稳定发展的强大动力。

当前,国际环境复杂多变,乡村振兴战略的实施需要更加稳健。乡村振兴战略不仅在安全性与可控性上有显著优势,还因其深厚的民生基础和广泛的民生效应,成为我国应对外部的不确定性、实现经济持续健康发展的有力保障。

## 四、实施乡村振兴战略是呼应新时期全国城乡居民发展新期待的重要内容

近年来,我国农业与农村领域取得了显著的发展成就,现代农业建设步伐加快,粮食及主要农产品的供应状况发生了积极变化。农民的收入持续增长,不少乡村的富余劳动力纷纷涌向城市,为城市发展注入了新活力,脱贫攻坚战取得了决定性的胜利。此外,乡村经过实施一系列改革措施,面貌焕然一新,各项基础设施建设和社会事业发展不断向前推进,为乡村振兴战略的深入实施奠定了坚实基础、创造了有利条件。但在看到这些成绩的同时,人们也需要正视发展过程中的各种问题。

新时代的广大农民向往新的生活环境,必然对乡村建设有一定的期待。将乡村振兴战略提升至党和国家战略的高度,不断凝聚全社会共识,深化认识,确立清晰目标,优化体制机制,扎实推进乡村建设,这些不仅回应了新时代背景下全国城乡居民对美好生活的热切期盼,也将有力地加快农业现代化的进程,促进农民在教育、科技、文化等多个领域的全面进步与发展。

# 第二章 乡风文明建设概述

乡风文明建设是乡村振兴战略的重要组成部分，是乡村社会全面发展的重要基石。它不仅关乎农民精神风貌的提升，更涉及乡村文化的传承与创新，以及乡村治理体系的完善。本章重点梳理乡风与文明、乡风文明的特征以及乡风文明建设的意义。

## 第一节 乡风与文明

党的十六届五中全会首次提出了将乡风文明作为建设社会主义新农村的要求。此后，党中央、国务院对乡风文明建设做了重要部署，使得乡风文明被赋予了新的时代内涵。党的十九大报告明确提出实施乡村振兴战略，其中"产业兴旺、生态宜居、乡风文明、治理有效、生活富裕"是乡村振兴的总要求，乡风文明成为实施乡村振兴战略的重要内容之一。

### 一、乡风

乡风文明并不是自古有之，而是"乡风"和"文明"的结合。关于乡风，宋代大文学家苏轼曾在其诗歌《馈岁》中写道："亦欲举乡风，独唱无人和。"① 清代的查慎行在诗中写道:"乡风未敢分僚友,家祭先应荐祖宗。"② 这两处的"乡风"指的是地方风俗。

除此之外,《管子·版法》《史记·留侯世家》以及宋代王安石的《谢林中舍启》中的"乡风"侧重于教化,指的是政治上的归顺以及对个人的仰慕。

而《史记·儒林列传》中也出现了"乡风"一词,"武安侯田蚡为丞相,绌黄老、刑名百家之言,延文学儒者数百人,而公孙弘以《春秋》白衣为天子三公,封以平津侯,天下之学士靡然乡风矣"③。这里的"乡风"指趋向某种风气,"乡"是通假字,通"向"。

概括以上含义,古代关于乡风的意思共三种:其一指地方风俗,其二指趋从教化,其三指趋向某种风气。而如今延续下来的是地方风俗。

## 二、文明

"文明"一词在古代意义丰富。《易经》中有"见龙在田,天下文明"④。孔颖达对《易经》作注,说道:"天下文明者,阳气在田,始生万物,故天下有文章而光明也。"⑤ 这里的"文明"被解释为文采光明。

同样,《易经》中还有"内文明而外柔顺,以蒙大难,文王以之"⑥。这里的"文明"指的是明察的意思。

到了汉代,《尚书·舜典》中的"文明"指舜的智慧、品德,具有多方面的内涵。

---

① 苏轼:《东坡集》,万卷出版公司2014年版,第106页。
② 查慎行:《敬业堂诗集(卷30)》,载查洪德主编《查氏文献辑刊》第8册,北京燕山出版社2021年版,第4页。
③ 司马迁:《史记(下)》,吉林大学出版社2015年版,第809页。
④ 孔丘:《四书五经(上)》,陈戌国点校,岳麓书社2023年版,第118页。
⑤ 王弼、孔颖达:《十三经注疏·周易正义》,北京大学出版社1999年版,第20页。
⑥ 孔丘:《四书五经(上)》,陈戌国点校,岳麓书社2023年版,第32页。

焦赣在《易林·节之颐》中说道:"文明之世,销锋铸镝。"① 这里的"文明"指社会风气。

司马光在他的诗中说:"朝家文明所及远,于今台阁尤蝉联。"② 该句诗中的"文明"指文治教化。

总而言之,古代的"文明"并不是一个单纯的词语,二者是偏正关系。

而在西方,"文明"最早来源于拉丁语,指的是"公民的、有组织的",是相对于社会生活的规则以及公民的道德而言的,进一步引申为"一种先进的社会和文化发展状态,以及达到这一状态的过程,其涉及的领域广泛,包括民族意识、技术水准、礼仪规范、宗教思想、风俗习惯以及科学知识的发展等"③。概括来说,文明指的是人类所创造的一切物质财富和精神财富。

到了现代,"文明"一词的内涵更加丰富,在现代汉语中拓展为三大含义。

其一,"文明"指"文化";

其二,"文明"指"社会发展到较高阶段和具有较高文化的";

其三,"文明""旧时指有西方现代色彩的(风俗、习惯、事物)"④。

总的来说,文明含义的丰富性也造就了"乡风文明"含义的丰富性。

## 三、乡风文明

那么如何理解"乡风文明"呢?首先,"乡风文明"可以分开理解,也就是乡村风气以及乡村社会文化发展到较高水平,乡村文明发展到较

---

① 赵建华:《社会主义核心价值观与中华优秀传统文化传承》,河北美术出版社2016年版,第31页。

② 方爱东、王孝哲、刘勇:《社会主义核心价值观基本理念研究》,合肥工业大学出版社第2015年版,第33页。

③ 程继隆:《社会学大辞典》,中国人事出版社1995年版,第435页。

④ 中国社会科学院语言研究所词典编辑室:《现代汉语词典(第7版)》,商务印书馆2016年版,第1364页。

高水平，乡村有先进的、有文化地域的地方风俗、风气。

"乡风文明"也可以合在一起理解，其含义有广义和狭义之分。

从广义来说，"乡风文明"不仅指乡村风气，还指乡村文化建设。

狭义上讲，"乡风文明"指乡村的风俗习惯，着重精神文明建设层面。

### （一）对乡风文明的理解

关于乡风文明的内涵，学界从不同的视角给予全面的阐释。这里选出几个具有代表性的阐述。

陈勇在《乡风文明及其主体培育研究——围绕上海市金山区、浙江省宁波市江北区的调查与思考》中提到乡风文明："乡风是由自然条件的不同或社会文化的差异而造成的特定乡村社区内人们共同遵守的行为模式或规范，是特定乡村社区内人们的观念、爱好、礼节、风俗、习惯、传统和行为方式等的总和，是特定乡村社区（村落）文化的总体表现。"[①]这一论述强调乡风产生的环境的重要性，所谓"千里不同风，百里不同俗"，说明环境对乡风文明有着重要的影响。

郭剑平在《治理视野下民俗习惯与新农村建设研究》中说道："乡风泛指的是一个地方人民的心理特征、生活习惯和文化习性长期积淀而成的精神风貌，包括风气、风俗、风尚，也就是民风民俗。"[②]这一观点强调了乡风形成的长期性，认为乡风是人民经过长期积累形成的，表现出共同的、稳定的生活习性，这些都不是一蹴而就的。

欧庭宇在《加快新农村乡风文明建设的思考》一文中说道："乡风，就词性本身而言，是指乡村风俗、乡村思想和乡村道德等乡村意识形态，是农民在长期生产、生活中积淀而形成的生活习惯、心理特征和文化习

---

① 陈勇：《乡风文明及其主体培育研究——围绕上海市金山区、浙江省宁波市江北区的调查与思考》，《上海党史与党建》2007年第2期。

② 郭剑平：《治理视野下民俗习惯与新农村建设研究》，中国政法大学出版社2017年版，第97页。

性，反映了当地农民的精神风貌。"① 在这里，其将乡风看成乡村精神文明建设的重要组成部分，并且将乡风与农民的生活习惯、心理以及文化习性联系在一起。

以上定义皆是将乡风放在"建设社会主义新农村"背景下观照。党的十九大提出了乡村振兴战略，"乡风文明"就是这一战略的产物，并拓展了新的含义。

张建伟、图登克珠在《乡村振兴战略的理论、内涵与路径研究》一文中提到："乡风文明是一个乡村由自然条件和社会文化共同作用，经过几百年甚至几千年沉淀下来的，能够增强人们对客观事物的适应和认知、符合人类精神追求、能被绝大多数人认可和接受，并一代一代传承的乡村建筑风貌、乡村风气、文化习俗、思维观念、行为方式以及公序良俗的总和。"② 这里，乡风文明的含义拓展到乡村文化上，指向的是优秀传统文化以及现代先进文化。

本书认为，乡风文明是在特定地域环境中孕育而成的，与社会主义先进文化紧密相连，深得广大农民认同的文明形态。这种文明涵盖了农民的生活习惯、风俗传统、文化标识、道德品质以及伦理规范等多个方面。

其一，乡风文明是区域内人们共同秉持的生活原则、道德标尺、习惯习俗的集中体现。

其二，乡风文明渗透于乡村的生产生活的各个角落，无论是乡村的风俗民情，还是乡间的风气氛围，无不彰显着乡风文明的魅力。

其三，乡风文明通过广大农民的精神面貌得以展现，它潜移默化地影响着农民的思想观念、价值取向、行为选择以及生活方式等。

其四，乡风文明会随着时代的变化不断发展，新时代的乡风文明一定与社会主义核心价值观相契合，符合我国广大农村发展的实际需要。

---

① 欧庭宇：《加快新农村乡风文明建设的思考》，《中国国情国力》2016 年第 3 期。
② 张建伟、图登克珠：《乡村振兴战略的理论、内涵与路径研究》，《农业经济》2020 年第 7 期。

通过以上定义，乡风文明可以生成以下内涵图，如图2-1所示。

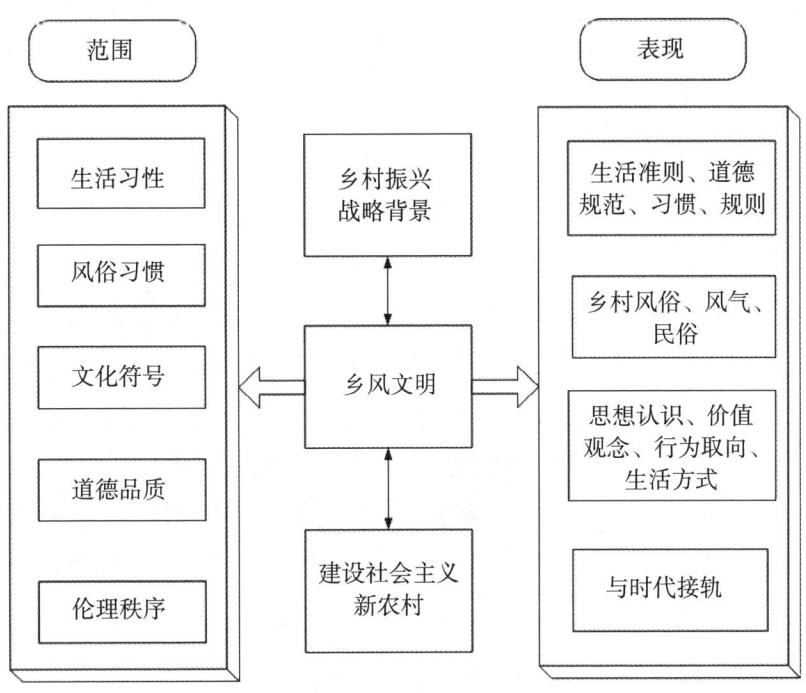

图2-1　乡风文明内涵图

## （二）乡风文明的提出与发展

乡风文明首次被提出是在党的十六届五中全会上，随后，党中央、国务院颁布了一系列的政策，让乡风文明建设充满时代意义。

党的十六届五中全会通过了《中共中央关于制定国民经济和社会发展第十一个五年规划的建议》，指出建设社会主义新农村的具体要求，即"积极推进城乡统筹发展"，"按照生产发展、生活宽裕、乡风文明、村容整洁、管理民主的要求"，"扎实稳步推进新农村建设"[①]。这是乡风文明第一次以国家政策的形式提出来。

---

① 中共中央文献研究室：《十六大以来重要文献选编》，中央文献出版社2011年版，第1066页。

2006年,《中共中央 国务院关于推进社会主义新农村建设的若干意见》出台,该文件提出"繁荣农村文化事业""倡导健康文明新风尚",强调了乡风文明对新农村建设的重要意义,并进一步拓展了乡风文明的内涵。

乡风文明所涵盖的远不止乡村文化建设这一层面,它深深植根于乡村的每一个角落,体现在文化传承、风俗习惯、法治建设、社会治安等多个维度。这里实际上明确了乡风文明的本质是乡村精神文明建设。其核心使命在于激发并引领广大农民树立与建设社会主义新农村相契合的先进理念,同时培育他们的文明素质,促使他们形成科学、文明的生活方式。这一过程旨在全面提升农民的综合素养,使他们既拥有深厚的文化底蕴,又掌握精湛的农业技术,成为新时代的现代农民。文件为乡风文明建设勾勒出了宏伟蓝图,即在乡村营造出一种充满活力、鼓励创新、积极向上的思想文化氛围,通过科学的引领,塑造出一个健康、文明、和谐的社会风貌,为新农村建设提供坚定的思想基础、源源不断的精神动力、强大的智慧支撑以及丰富多彩的文化滋养。

2017年,《中共中央 国务院关于深入推进农业供给侧结构性改革 加快培育农业农村发展新动能的若干意见》出台,指出"培育与社会主义核心价值观相契合、与社会主义新农村建设相适应的优良家风、文明乡风和新乡贤文化。提升农民思想道德和科学文化素质,加强农村移风易俗工作,引导群众抵制婚丧嫁娶大操大办、人情债等陈规陋习"①。这里扩大了乡风文明的内涵,涵盖着乡村的家风、乡风、乡贤文化等。

党的十九大报告在乡村振兴战略中提出"产业兴旺、生态宜居、乡风文明、治理有效、生活富裕"的总要求,这里的乡风文明被赋予了更丰富的内涵,体现着鲜明的时代性,包括以下三点。

(1)新时代的乡风文明建设是传统精髓与现代理念的深度融合。一

---

① 中国政府网:《中共中央 国务院关于深入推进农业供给侧结构性改革 加快培育农业农村发展新动能的若干意见》,访问日期:2024年8月7日。https://www.gov.cn/gongbao/content/2017/content_5171274.htm.

方面，乡风文明致力于传承并弘扬优秀家风、村风的优良传统，如尊老爱幼、邻里互助、诚实守信等优秀传统文化；另一方面，新时代乡风文明积极融入"五位一体"总体布局和"五大发展理念"等新时代文明建设的新元素，展现出与时俱进的特征。

（2）新时代的乡风文明追求乡村文化与城市文化的和谐共生。在保留并发展乡村独特的传统民俗、风土人情的基础上，将现代城市文明的便利与舒适引入乡村生活，能让村民在保留乡村韵味的同时享受到现代文明带来的生活品质提升，实现传统与现代的交融。

（3）新时代的乡风文明建设体现了中国文化与世界文化的借鉴与融合。文化自信的根基在于对乡村文化的深刻认同与自豪。中国乡村作为中国文化的宝库，蕴藏着丰富的生态文明智慧与人文价值。在全球化背景下，中国乡风文明建设不仅要吸纳世界各国的优秀文明成果来丰富文化内涵，而且应致力于将自身独特的文化魅力与生态理念推向世界，为全球文明发展贡献中国智慧与中国方案。

## 第二节　乡风文明的特征

乡风文明既是乡村振兴的重要内容，也是其重要推动力量，为乡村振兴提供智力支持和精神动力。它是物质文明、精神文明、政治文明的产物，是对社会各方面的综合反映，具有整体性、地域性、延续性、变化性及融合性等特征。

## 一、乡风文明的整体性与地域性

### （一）乡风文明的整体性

乡风文明的整体性表现为，乡风文明不仅仅是乡村的风俗风气，也是乡村的精神文明建设，其中涵盖着精神文明、风俗风气、物质文化等。

**1. 乡风文明作为乡村振兴的灵魂，包含着农民的理想信念以及价值观念**

乡风文明就是以社会主义核心价值观为引领，倡导以爱国主义为基石的民族精神、与改革创新并行的时代精神，鼓励农民将爱家与爱国相融合，共同为中华民族大家庭的繁荣贡献力量。

**2. 乡风文明是乡村社会共同道德准则的集中体现**

这些准则植根于乡村的实际生活中，通过农民的日常行为、社会心理以及村规民约得以展现，它们如同乡村社会的隐形纽带，维系着社区的和谐与秩序。

**3. 乡风文明的构建离不开家风和乡村社会风气的塑造**

家风是社会风气的重要基础，可以说千千万万个家庭的家风组成了乡风，众多不同的乡风组成了社会风气，因此家风的优劣直接影响着乡风的整体面貌，影响着社会风貌的和谐发展。培养优良家风，传承优秀家训，已成为当前推动乡风文明建设的关键。另外，良好的乡村社会风气是农民精神世界的外在展现，是乡风文明建设不可或缺的重要组成部分，它反映了农民的思想观念、社会心理及行为方式。

**4. 乡风文明还涵盖了农民的文明意识**

乡风意识包括健康文明的生活观念、法律意识、良好的交通习惯及公共意识等。这些文明意识是农民融入现代社会、享受现代生活便利与先进性的重要基石。要促进农民全面发展，提升乡村整体文明程度，让农民享受现代生活的便利，这些文明意识是必不可少的。

### （二）乡风文明的地域性

地域性是乡风文明的鲜明特征，因为乡风的形成因地而异，这一特质自乡风诞生之初便如影随形。乡风的形成是自然条件、历史条件、传统习俗以及经济文化发展水平共同作用的产物。尤其是在传统社会框架内，自然环境对乡风的形成与塑造起到了直接和显著的作用，最明显的是因地域的不同而产生的不同的饮食习惯：寒冷潮湿之地，人们偏爱辛辣以驱寒祛湿；而温暖地方的饮食，则倾向于清淡以调和体内湿热。这正是一方水土养一方人、百里风情各不同的真实写照。

步入现代社会，区域间的联系日益频繁，地方经济发展水平成为影响乡风文明程度的重要因素。一般而言，经济相对繁荣的区域，其乡风文明建设亦走在前列，贫困地区的乡风文明建设则相对滞后，这一现象深刻印证了经济基础对上层建筑的决定性作用。

## 二、乡风文明的延续性与变化性

延续性体现出的是乡风文明在时间维度上的长期性，乡风文明不仅需要一个长期的过程，而且一旦形成便有较强的传承性与稳定性。在传统社会的框架下，小农经济自给自足的特性使得乡村社会处在一个相对封闭与稳定的环境下，农民在这一环境里生存，祖祖辈辈在土地上辛勤耕作，村社结构稳固，一村一姓的现象非常普遍，这些为乡风的传承提供了肥沃的土壤。于是在自然环境、经济条件及文化发展相对恒定的因素作用下，乡风逐渐稳定下来，成为乡村文化的深厚基础。

乡风蕴含价值观念、行为准则等精神层面的内容。相较于不断变化的物质世界而言，乡风文明的延续和变化更为缓慢，它于潜移默化中实现了薪火相传。即便到了今天，也有一些古老的乡风得以延续和发展，如南方很多乡村对宗族十分重视，宗祠祭拜、修家谱等传统习俗一直延续至今。相比之下，北方一些地区因受游牧文化影响，宗族观念相对淡薄。这样的地域差异也印证了乡风的地域性与传承性。

值得注意的是，乡风的延续与变化并非静止不变，而是随着区域内政治、经济、文化环境的变迁而不断调整的。它既是这些因素共同作用的结果，又反过来作用于这些因素。乡风作为乡村社会的价值导向，深刻影响着广大乡村地区的基层治理、人与自然的和谐共生以及乡村文化的繁荣与发展。

乡风从微观层面观察，一般集中于人们日常的礼节、爱好、观念、风俗习惯及行为方式上；而从宏观视角审视，乡风则是中国乡村数千年文明演进的见证者，承载着传统文化的精髓与变迁。中华人民共和国成立之后，社会主义先进文化为乡风文明建设注入新的活力，重塑了农民的理想信念与价值观念，推动乡风向着更加科学、先进的方向发展。这一过程不仅是乡风文明的自我更新与升华，也是中国特色社会主义文化在乡村沃土上的生动实践。

### 三、乡风文明的融合性

乡风文明最突出的特征是融合性，具体体现在三大融合上，即传统与现代的融合、本土与他者的融合、乡村与城市的融合。

#### （一）传统与现代的融合

现代乡风文明深深植根于中华优秀传统文化之中，它不仅承载着农民世代相传的道德准则、传统美德与良好习惯，还随着时代的变迁，不断进行创造性转化与创新性发展。勤俭节约、诚实守信、勤劳勇敢、尊老爱幼、家庭和谐、邻里互助等美德，在新时代焕发出新的光彩，其中既保留了传统的精髓，又融入现代社会的价值与需求。从历史传承的角度看，乡风文明对中华传统美德的继承，不仅体现了农民群体对自身现代化的迫切追求，也映射出时代的精神风貌。从保护与传承的视角审视，乡风文明是对中华传统美德的创造性转化与创新性发展，通过这种方式来体现时代内涵。这样，乡风文明在传承中创新，在创新中传承，实现了传统与现代的和谐共生。

### （二）本土与他者的融合

随着现代化脚步加快，加上人口流动速度变快，乡村不再是孤立的文化单元，而成为文化交流与融合的桥梁。具体表现为：农民走出乡村，外来者涌入乡村，乡风文明在乡村本土文化与外来文化的碰撞与融合中不断丰富与发展。无论是邻近地区的文化，还是国内其他区域乃至世界各国的文化，都在这个过程中与乡村本土文化相互渗透、相互影响。乡风文明需要在坚守自身文化根基的同时，以开放包容的姿态吸纳他者文化，取其精华，去其糟粕，这样可以不断丰富乡风文明的内涵，也增强了文化的生命力和活力。广大乡村地区需要在全球化浪潮中坚守住自己的文化特色，在吸收他者文化的同时留住那份独特的"乡愁"。

### （三）乡村与城市的融合

随着城乡一体化战略的深入实施，城市与乡村的关系发生了深刻变化，从过去的二元对立走向了城乡统筹发展。虽然城市文化因其工业文明的先进性对乡村文化产生了一定的影响，但乡风文明建设并未因此放弃自身的文化根基。相反，它在保持乡村文化独特性的基础上，积极吸收城市文化的先进元素，实现了城乡文化的优势互补与融合发展。这样的融合不仅让农民在原有村庄中享受到了现代文明的便利与舒适，也促进了乡村文化的全面振兴与繁荣发展。因此，乡风文明建设需要统筹处理二者的关系，以实现乡村与城市的融合。

乡风文明建设作用机制及实践路径研究

## 第三节 乡风文明建设的价值及意义

乡风文明是乡村文化的精髓与灵魂,渗透在乡村社会的各个层面,深刻影响着乡土社会与民众的心灵世界。它不仅是乡村历史记忆的载体与传承媒介,还是乡村振兴战略中不可或缺的精神动力与文化支撑。在乡村振兴战略实施的背景下,乡风文明建设为乡村社会的发展指明了方向,为农民群众追求更加美好的生活提供了强大的精神引领与力量源泉。

### 一、乡风文明建设的价值

#### (一)乡风文明建设是灵魂

乡风文明建设是实现乡村振兴的灵魂。乡风文明建设主要解决了要以什么样的精神风貌来实现乡村振兴,是乡村振兴的精神保障。乡风文明建设不仅体现了农民对生活的美好愿望,还体现在它是构建社会主义和谐社会的精神基石。

乡风文明建设广泛存在于乡村振兴的各个方面,渗透到产业兴旺、生态宜居、治理有效、生活富裕等各个方面。它是精神动力,通过提升农民素质反哺经济,促进产业创新与产品提质,实现物质与精神的双重富裕。在生态宜居上,乡风文明建设倡导的绿色生产与生活方式是其关键支撑;在治理上,乡风文明建设借助先进文化、优秀传统文化,构建现代化治理体系,不断提升乡村的治理效能。乡风文明建设并非一日之功,需日复一日地进行,应当杜绝形式主义,避免急功近利行为。

唯有乡风淳正,方能实现乡村的文化繁荣,方能确保乡村振兴各项建设沿着正确方向前进,方能促进乡村经济、政治、社会、生态文明的协同发展，方能实现"五位一体"的乡村振兴宏伟蓝图。

### （二）乡风文明建设是动力

乡风文明建设不仅是持续巩固脱贫攻坚成果、实现乡村振兴的精神动力，也是乡村转型升级的内生动力。

1. 精神动力

要持续巩固脱贫攻坚成果，实现乡村振兴，需要激发广大村民的积极性，发挥其主观能动性，这样才能提供源源不断的精神动力，支持广大村民共同致富。

乡风文明建设注重对村民思想上的引导，实现扶志的目的。乡风文明建设重在培育文明乡风，弘扬优秀家风家训，在思想上对广大村民进行引导，促进其精神成长，转变观念，从被动转化为主动，实现根本性的转变。这样可将"幸福是奋斗出来的"的思想转化为不竭的精神动力，引导广大村民不断奋斗，持续巩固脱贫攻坚成果，实现脱贫攻坚与乡村振兴的可持续发展。

另外，乡风文明建设善于选取典型，为广大村民提供了先锋榜样，如新时代乡贤、勤劳脱贫示范户等。这些典型可以带动乡风、民风的建设，为乡村振兴营造良好的氛围。

2. 内生动力

作为软实力的乡风文明是推动乡村转型升级的内生动力，有着不可估量的作用。

（1）乡风文明反映一个地区人们的基本精神风貌。乡风文明建设为乡村营造积极的精神风貌，并浸润每个人，从而形成团结向上的凝聚力，共同推动乡村振兴。

（2）乡风文明推动着每个人活跃思维、拓宽视野。乡风文明建设就是要带来现代的、文明的新乡风，并打开村民的视野，让广大村民从更开放的角度看待问题,从而影响村民的价值观和世界观,进而接受更多的新事物,用知识武装自己,用技术改变农村产业形态。

(3)乡风文明可以转化为新的产业,发展为新的业态。当前,乡村旅游以及创意产业是乡村发展的趋势,也是助力乡村产业转型升级的重要途径。无论乡村旅游还是创意产业都需要农民具备良好的素质,从而为新产业提供优质的服务,而这些素质要从乡风文明建设中获得。另外,乡风文明也包含民俗风情,这些民俗风情是吸引游客或客户的法宝,应当依托民俗风情打造旅游业、创意产业,而民俗风情一定是建立在良好乡风文明基础上的。

综上所述,虽然乡风文明是软实力,但它在乡村转型升级中扮演着重要的角色,是乡村转型升级的内生动力。因此,乡村的转型升级必然依靠乡风文明建设。

### (三)乡风文明建设是基石

要实现我国社会的长治久安,乡风文明建设必不可少,它是维持社会稳定的重要基石。中国有大量的人口生活在乡村,因此乡村的稳定直接关系到整个社会的稳定。而农民的精神面貌、思想价值与乡风文明有直接的关系,特别是在乡村,乡风更是潜移默化地影响着农民的世界观、人生观、价值观。

只有真正解决了农民的思想问题,才能维持社会的长治久安。良好的乡风能为广大农民提供积极向上的氛围,形成淳朴的民风,让农民安居乐业,为新农村建设提供良好的社会环境。所以说,乡风文明是维持社会稳定的重要基础,良好的乡风能促进乡村的和谐与稳定,能凝聚村民力量,促进乡村各项事业的发展。

### (四)乡风文明建设是必要条件

乡村要发展,根本要依靠亿万农民。当下只有提升农民的整体素质,培育新型农民,才能充分发挥人民群众的力量,让农民投身于乡村各项事业的建设中，实现乡村振兴。乡风文明涉及思想、精神等方方面面，要培育新型农民，必须以乡风文明为先导，因此乡风文明建设是培养新型农民的必要条件。

## 二、乡风文明建设的意义

乡风文明建设凝聚着中华优秀传统文化、革命文化以及社会主义先进文化，体现了传统与现代、本土与他者、乡村与城市的融合，蕴含了深厚的文化基因和经验智慧，对乡村建设有着积极的意义。

乡风文明建设的意义在于以下几点。

### （一）乡风文明建设能指引乡村建设沿着正确的道路前进

在当今农村多元化发展的浪潮中，农民内部的收入差距在扩大，加上城乡流动频繁，导致价值观念的多样化。在这一背景下，农民群体需要有正确的思想引领，需要形成正确的思想。如果没有思想引领，极易让乡村发展偏离正轨。乡村建设一旦偏离正轨，即便在经济建设和产业发展上倾注大量心血，也可能因价值观的错位而功亏一篑，因此，涵养文明乡风成为乡村思想文化建设的关键一环。

涵养乡风旨在将社会主义核心价值观深植于乡村建设的方方面面，尤其是日常生活中，使其成为农民日常行为的准则和内在追求。涵养文明乡风，可以引导农民摒弃迷信，崇尚科学，推动移风易俗，革除陋习，在乡村社会树立积极向上的新风尚。

文明乡风能以正能量感染人心，以主旋律引导农民前行，确保乡村振兴的步伐始终沿着正确的方向迈进；文明乡风还为乡村建设提供了强大的精神支撑，更为乡村的长远发展奠定了坚实的思想基础。在这样的氛围下，农民将更加自信地投身于乡村振兴的伟大事业中，共同书写乡村繁荣发展的新篇章。

## （二）乡风文明建设能强化农民的文化认同感与文化自信

在构筑农民精神家园的过程中，除了追求物质层面的满足外，非物质层面的满足同样至关重要。农民的生活尊严不仅依赖于物质条件的改善，还需融入环境和谐、人际融洽、邻里互助等非物质要素，这样农民才能在乡村共同参与文化活动，形成社区共同体等。

文化自信是乡村文化传承与发展的基石，一旦缺失将导致乡村文化失去活力与传承动力，加剧"乡愁"的消逝，形成认同危机与精神困境的恶性循环。

要强化农民的文化认同感与文化自信，必须依靠乡风文明建设。乡风文明建设通过弘扬家风家训、乡规民约等途径，培育地域性的共同价值观与行为规范，激发集体认同感。这些途径不仅能激发农民对家乡的热爱与情感共鸣，还能丰富他们的精神世界，提升其文化理解、感知与辨别能力，促进文化自觉与文化认同的增强。

因此，重建乡村生活的意义，让农民重拾对乡土的认同感与归属感，关键在于推进乡风文明建设。构建集体认可的文化理念与价值体系，可以引导农民重新认识和珍视乡土的价值和意义，从而重建文化自信。

## （三）乡风文明建设能守护与活化乡村文化

乡村文化是农民在生产生活中逐渐创造出的智慧，不仅涵盖传统习俗，也保留着革命时期农民参与革命的印记，同时也体现出农民建设社会主义的奋斗历史。它不仅是地域文化的独特展现，还是与城市文化相区别的重要标识。

与乡村文化相对的是城市文化，尽管城市文化在现代化进程中发展为更高的阶段，并为大众所推崇，但乡村文化以其质朴的自然性和深厚的底蕴，同样值得被珍视与保护。面对城市文化的强势冲击，保护乡村文化，促进其在现代社会中转化与发展显得尤为重要。

乡风是乡村文化的精髓与底色，其建设过程实质上是对乡村文化的守护。党的十九大报告提出的"乡风文明"不仅仅是乡村振兴战略的重要目标，还是乡村文化复兴的重要手段。新时代的乡风文明建设继承传统乡风的有益部分，摒弃糟粕，同时积极吸纳城市文化及其他文化中的积极元素，不断丰富和完善体系，体现了传统与现代的和谐共生、本土与他者文化的融合、城市与乡村相融的特征。

在乡村振兴过程中，乡风文明建设致力于促进农民在思想观念、道德规范、知识水平、素质修养及人际关系等多个维度的全面提升。乡风文明建设利用新技术、新手段，对传统工艺、民俗风情、文化艺术、家风家训、村规民约及村落生态等宝贵资源进行创新性转化，使乡村文化在保留其独特魅力的同时，焕发新的生机与活力。

乡风文明建设不仅是加强乡村精神文明建设的核心举措，还是留住"乡愁"、提振农民精神风貌、增强乡村文化底蕴的关键所在。它对构建农民的精神家园、增强乡村文化底蕴、提升乡村社会的整体凝聚力与向心力具有不可估量的价值。

# 第三章　乡村振兴战略与乡风文明建设

乡村振兴战略与乡风文明建设同为推动乡村现代化的重要途径，同时二者的关系密切——乡村振兴不仅关注经济的发展，还重视乡村社会的全面进步，包括乡风文明建设。而乡风文明建设作为提升乡村社会整体风貌的重要途径，对推动农业农村现代化具有不可替代的作用。它通过弘扬社会主义核心价值观，加强公共文化建设，引领文明乡风、良好家风、淳朴民风的形成，进而为乡村振兴提供坚实的思想保障和精神支撑。

## 第一节　乡风文明建设对乡村振兴战略的作用

乡风文明建设是乡村振兴战略中最基础、最深厚、最恒久的力量源泉。抓住乡风文明建设，就抓住了乡村振兴的关键。乡风文明建设对乡村振兴战略的推动作用，具体体现在以下几个方面。

## 第三章 乡村振兴战略与乡风文明建设

### 一、乡风文明是乡村振兴的灵魂

乡风文明是乡村振兴战略五个方面总要求的核心要素之一，是乡村振兴的灵魂。乡风文明蕴含了丰富的文化内涵与价值观念，是连接传统与现代、物质与精神的重要桥梁。抓住了乡风文明建设，也就抓住了乡村振兴的关键。

乡风文明建设坚持以社会主义核心价值观为引领，深入乡村文化肌理，从根本上解决农民群众在思想观念、精神面貌及文化认同等方面存在的问题。这一过程不仅是对乡村传统文化的传承与创新，还是对现代文明理念的接纳与融合，最终构建一种既符合时代要求又具有乡村特色的新型文化生态。乡风文明建设被视为推动乡村全面振兴的深层动力，其深远影响体现在它能促进农民精神世界的丰富与升华，增强乡村社会的凝聚力与向心力。抓住乡风文明建设这一关键环节，就把握住了乡村全面振兴的精髓与要义，有助于实现乡村在物质文明、政治文明、精神文明、社会文明及生态文明等多维度上的发展。

### 二、乡风文明建设为乡村振兴提供精神动力

实现乡村振兴，广大农民群众是核心力量，也是最终受益者。乡村振兴战略旨在促进农民群众素质的全面提升，实现乡村物质财富的稳步增长以及促进乡村社会整体面貌的进步。

在此过程中，文明乡风、良好家风、淳朴民风的培育显得尤为关键，这些可以帮助广大农民群众树立起信心，形成良好的个人风貌。积极营造健康向上的乡村文化氛围，能鼓励广大农民群众摆脱落后思想观念的束缚，摒弃陈规陋习，转而追求科学、文明、健康的生活方式。这种转变不仅体现在日常生活习惯的改善上，还能促进农民群众对于"富脑袋"与"富口袋"关系的深刻理解和正确处理。

进一步讲，乡风文明建设还极大地提升了农民群众的思想道德和科学文化素质，增强了他们的社会责任感和集体荣誉感。这种正能量的汇

聚,激发了农民群众参与乡村振兴的无限热情与创造力。他们积极投身到乡村振兴的实践中,凝聚一心,振奋精神,用自己的智慧和汗水书写着新时代的乡村华章。

## 三、乡风文明建设是满足农民对未来美好生活向往的重要方面

广大农民群众对美好生活的追求远不止于物质条件的改善,他们更向往科学、文明、健康的生活方式,渴望和谐的人际关系与风清气正的社会环境,期望能够更好地享受现代化文明成果。这是广大农民群众的普遍心声,更是推动乡村持续繁荣发展的不竭动力。为满足农民群众对美好生活的热切期盼和日益增长的精神文化需求,开展乡风文明建设显得尤为重要。农民群众将获得更多的精神滋养,精神力量得以增强,他们的精神世界也将因此变得更加丰富多彩。

乡风文明还能直接促进农民群众整体素质的提升,为乡村的全面发展奠定坚实的基础。农民群众在乡风文明的社会环境中才能以更加饱满的热情、更加坚定的信念投身于乡村振兴的伟大实践中。

## 四、乡风文明建设为乡村振兴营造和谐稳定的社会环境

实现乡村振兴需要有一个和谐稳定的乡村社会环境作为保障,如果没有一个稳定的环境,乡村振兴也无从下手。因此,和谐稳定的社会环境是乡村振兴的内在要求,也是乡村振兴的重要保证,这直接关系着乡村振兴发展到什么程度、发展到什么水平。

乡风文明建设可以引导广大农民群众发挥能动性,为社会主义理想信念而奋斗。良好的乡风可以让广大农民群众获得安全感、幸福感、成就感,能够营造和谐稳定的乡村社会环境。在这样的环境下,百姓才能安居乐业。

# 第二节　乡村振兴战略对乡风文明建设的影响

乡村振兴战略实际上为乡风文明建设提供了更加丰富的文化因子,不仅指引乡风文明建设的方向,也对乡风文明建设提出了更高的要求,促进乡风文明建设向着更高层次发展。

## 一、乡村振兴战略丰富了乡风文明建设的文化内涵

乡风文明建设的重中之重是文化,乡村振兴战略进一步丰富了乡风文明建设的文化内涵,主要表现在以下三个方面。

### (一)促进乡风文明建设在传统与现代之间寻找平衡

乡风文明建设既要坚守乡村优秀传统文化的底蕴,如家风家训、村风民风,又要融入新发展理念、"五位一体"文明理念、美丽乡村建设等现代元素,赋予乡风文明时代新内涵。

### (二)促进乡村文化与城市文化的融合

乡村振兴战略要求乡风文明建设不断推动乡村文化与城市文化的融合。乡风文明本身植根于乡土,因此乡风文明凸显乡村的地域特色,传承着乡村文化精神。

在保留乡土特色与核心精神的同时,乡风文明建设还需要引入城市文化的理性、科技、规则等元素,提升乡村文化的适应性和表达力,展现乡土性与现代性的和谐共生。

### （三）促进中华文化与世界文化的交流，彰显民族性

中华文化的形成具有明显的地域特征，但其适用范围无国界之分。加上当今互联网的普及，国与国之间文化交流的时空界限被打破，中华文化与世界文化的交流越来越频繁。因此，乡风文明建设还需在中华文化与世界文化的交流中彰显民族性，既要防止文化中心主义倾向，又要积极完善文化传播机制，通过吸收外来优秀文明成果，以开放包容的姿态将乡村文化推向世界舞台，为全球文化发展做贡献。

## 二、乡村振兴战略指引着乡风文明建设实践

乡村振兴战略是乡村全面转型的内在要求，它将乡风文明建设提升至新的历史高度，并对其发展提出了更高的要求。在这一背景下，乡风文明建设被赋予新的使命，即致力于"繁荣兴盛农村文化，焕发乡风文明新气象"，肩负起实现乡村文化全面振兴的重任。[①]

乡村振兴战略包括一系列政策规划，为乡风文明建设指明了方向，界定了任务，设立了标准。

### （一）对乡风文明建设的规划

#### 1. 提出了乡风文明建设的目标

乡村振兴战略对乡风文明建设提出的目标是：

（1）到2022年实现"乡村优秀传统文化得以传承和发展，农民精神文化生活需求基本得到满足"的近景谋划；

（2）到2035年实现"乡风文明达到新高度"的中景谋划；

（3）到2050年实现"农村美"的远景谋划。

---

① 中共中央、国务院：《中共中央 国务院关于实施乡村振兴战略的意见》，人民出版社2018年版，第16页。

除了以上目标之外,乡村振兴战略还进一步细化了乡风文明建设的实践路径,涵盖了乡村思想道德的培育、乡村优秀传统文化的弘扬、乡村公共文化服务的提升以及推动移风易俗等多个方面,为乡风文明建设描绘了清晰的蓝图。

2. 制定了衡量乡风文明实现程度的指标及目标值

为实现这些目标,乡村振兴战略从多个维度规划了乡风文明建设的实践内容,并设定了具体的增长目标。例如,提升村综合性文化服务中心覆盖率,规定2020—2022年村综合性文化服务中心覆盖率由95%上升到98%;增加文明村与乡镇比例,规定县级及以上文明村和乡镇占比由50%升至50%以上。①

2022年9月,国家发改委介绍《乡村振兴战略规划(2018—2022年)》实施进展情况。五年来农村的思想道德建设显著加强,文明乡风、良好家风、淳朴民风在广袤乡村中蔚然成风。邻里间守望相助,诚信重礼、勤俭节约成为乡村的新风尚,文明乡村不断涌现。全国县级以上文明村和文明乡镇的比例分别超过了65%和80%,彰显了乡村文明建设的丰硕成果。农民丰收节连续五年成功举办,为乡村文化生活增添了浓墨重彩的一笔。村级综合性文化服务中心的覆盖率进一步提高,为农民提供了丰富多样的文化娱乐和学习交流场所。社会主义核心价值观在乡村深入人心,中华优秀传统文化得到了传承和弘扬。累计认定6819个中国传统村落,农民的精神面貌焕然一新,精气神得到了有效提振。

3. 为乡风文明建设开辟了新的实践场域

在乡村振兴战略框架下,农民、乡村基层组织、乡镇政府及社会各界力量等行动者与乡村经济发展、农民文化生活变迁及政策环境演变等

---

① 中共中央、国务院:《乡村振兴战略规划(2018—2022年)》,人民出版社2018年版,第14—15页。

乡风文明建设作用机制及实践路径研究

因素相互交织,共同构成了乡村振兴战略的真实运作场域。乡风文明建设作为关键政策要素,深度融入这一场域中,与场域内的各行动者及环境因素相互作用、相互影响,不断推动自身向更高水平发展。

### 三、乡村振兴战略不断提升乡风文明建设处理问题的水平

乡村振兴战略是针对乡村现状与问题而展开的全面复兴乡村的实践,这一实践也要求乡风文明建设提升解决乡村问题的能力。具体而言,乡风文明建设需在以下几个方面不断优化与强化处理问题的能力。

#### (一)提升协调多重文化之间关系的能力

乡村振兴战略强调在乡村文化发展的基础上进行,而这一过程不可避免地要融入社会主义先进文化、革命文化、乡村传统文化、城市文化及外来文化等多种文化元素。因此,乡风文明建设需具备高超的文化协调能力,可以从以下几个方面入手:深入挖掘乡村传统文化的深厚底蕴,夯实文化自信之基;以社会主义先进文化为引领;将革命文化的红色基因融入乡村社会的血脉,加深农民对文化的认同感和归属感;借鉴城市文化的有益经验,突出乡村文化的独特魅力,优先发展具有乡村特色的文化事业;在保持本土文化特色的基础上,吸收外来文化精华,推动乡村文化与现代文明相融合,实现传统与现代的交相辉映。乡风文明建设要实现多重文化的和谐共生与有机融合,让乡村文化焕发出新的生机与活力。

#### (二)提升沟通号召力、利益协调力

乡村振兴战略倡导多元主体共同参与建设,以实现向政府主导、社会多元化参与的转变。乡风文明建设需增强沟通号召力与利益协调力,为乡村搭建多元主体参与平台,促进农民群众、新乡贤、社会志愿者、社会组织及企业等各方力量的有效整合,妥善协调各方利益,形成全社会共同参与、协同推进的良好局面。

### （三）提升培植内生性资源、合理配置外生性资源的能力

乡村振兴战略的核心在于促进城乡资源的深度融合与高效配置，然而当前乡村内部的文化底蕴、生态优势、人力资源等尚待进一步发掘和发展，而外部的人才、资金、政策等资源却如潮水般涌来，形成了内部不足与外部充足的鲜明反差。因此，加强乡风文明建设，必须双管齐下：一方面，要着力提升乡村内生性资源的培育能力，通过深入挖掘乡村优秀传统文化、持续改善人居环境、不断加强本土人才队伍建设等举措，激活乡村自身的内在发展潜力；另一方面，要对外部资源进行科学甄别、精心筛选和合理改造，确保这些资源能够精准对接乡村的实际发展需求，为乡村的全面发展提供有力支撑。

### （四）提升甄别外来资源的能力以及对外开放发展的能力

乡村振兴战略不仅促进了城市资源向乡村的流动，还引入大量国外的乡风文明建设经验。面对各种各样的经验，人们在乡风文明建设过程中应具备对外来资源的甄别能力以及对外开放发展的战略眼光，在借鉴国际经验时，需紧密结合中国农村实际，对外来文化选择性借鉴，同时加强与发达国家和地区的交流与合作，不断拓宽国际视野，推动乡风文明建设在全球化背景下实现高质量发展。

## 第三节 乡村振兴战略与乡风文明建设的内在一致性

乡村振兴战略与乡风文明建设有着内在一致性，表现在价值观念、组织、环境三个方面。

乡风文明建设作用机制及实践路径研究

在推动城乡发展进程中,实现均衡发展成为重塑城乡关系的核心价值取向。长期以来,城乡之间的二元结构凸显了发展不平衡的问题,急需通过乡村振兴战略来扭转这一局面。乡村振兴战略能变革城乡之间的生产与分配模式,以确保资源配置的合理。因此,乡村振兴战略是以追求城乡均衡发展为价值导向的实践活动,以实现城乡各自价值凸显的发展格局。

随着城市化进程的加速,乡村要实现全面发展,就需要通过乡风文明建设来提升乡村精神文明水平,不仅要促进乡村文化的繁荣与振兴,还要在更深层次上推动文化均衡发展,为城乡均衡发展提供坚实的文化支撑。因此,乡村振兴战略与乡风文明建设在追求城乡均衡发展的道路上呈现出高度的契合。

## 一、价值观念的一致性

### (一)价值导向上以城乡均衡发展为引领

乡村振兴战略与乡风文明建设在追求城乡均衡发展的道路上呈现出高度的一致性。它们共同致力于打破城乡二元结构,推动城乡融合发展,实现城乡居民共享发展成果的美好愿景。这种价值导向上的一致性使得乡村振兴战略与乡风文明建设在实践中相互促进。乡村振兴战略致力于变革城乡间的生产与分配模式,确保资源的合理配置,凸显城乡各自的价值,实现均衡发展的目标。它既关注物质层面的均衡发展,更重视文化层面的均衡发展。乡风文明建设作为乡村振兴战略的重要组成部分,通过提升乡村精神文明水平,促进乡村文化的繁荣与振兴,为城乡均衡发展提供了坚实的文化支撑。它强调在更深层次上推动文化的均衡发展,缩小城乡之间的文化差距,使乡村居民也能享受到与城市居民相当的精神文化生活。

## （二）价值追求上以复兴乡村文明为目标

实现城乡文明的协调发展，对完善和发展中国特色社会主义文明体系有积极意义。然而，当前中国乡村的文明程度需要进一步提升，以此来促进城乡文明协调发展。因此，乡村文明作为实现城乡文明协调发展目标的关键一环，其复兴任重而道远。乡村振兴战略正是在这样的背景下应运而生，它不仅要解决乡村发展的现实问题，还从价值层面追求乡村文明的复兴。

乡村文明是一个包含着物质文明、政治文明、精神文明、社会文明和生态文明在内的有机整体。其中，乡风文明是乡村文明的精神内核和价值标尺，对乡村文明的形成与发展有重要的作用。因此，乡风文明建设不仅是提升乡村文明水平的重要途径，还是实现乡村文明复兴的必然要求。乡村振兴战略与乡风文明建设在复兴乡村文明的价值追求上紧密相连、高度一致，共同致力于构建一个更加繁荣、和谐、文明的乡村社会。

## 二、多元组织参与的一致性

多元性是乡村振兴战略与乡风文明建设得以推进的重要基石，也是二者实施的优势所在。在实践中，乡村振兴战略的实施以及乡风文明建设都离不开乡村社会组织、乡村党组织、村民委员会等多层次、多元化的主体共同参与，且这些组织之间展现出高度的协同性，如图3-1所示。

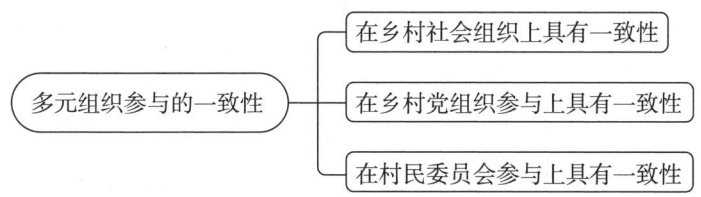

图3-1 乡村振兴战略与乡风文明建设多元组织参与的一致性表现

## （一）二者在乡村社会组织上具有一致性

乡村社会组织是农民自愿集结、主要指向乡村公共事务治理的非官方、非营利性团体。它们在乡村经济社会发展的舞台上发挥着服务支撑与协调促进的重要作用，为乡村振兴战略的深入实施和乡风文明的全面建设不断注入新的活力与动力。

### 1. 乡村振兴战略的实施需要乡村社会组织的协同努力

乡村振兴战略的全面实施，是一场全社会共同参与的宏大实践，其稳步前行离不开乡村社会组织的相助与协同推进。乡村经济合作社、乡村专业技术协会等各类乡村社会组织，在引领乡村经济向市场化方向迈进、提升农民在市场竞争中的主体地位、填补乡村公益性社会服务供给的空白等方面，扮演着举足轻重的角色，发挥着无可替代的作用。这些组织有力推动了乡村的产业振兴与组织振兴，并构建了更加多元、活跃的乡村经济生态。

### 2. 乡风文明建设离不开乡村社会组织的积极参与与支持

以红白理事会、道德评议会、乡贤理事会等为代表的乡村社会组织在倡导文明乡风、抵制不良习俗方面展现出显著成效，成为激发乡村内在活力、组织动员村民参与乡风文明建设的重要组织。乡村社会组织通过自身的运作，能有效引导村民树立正确的价值观，共同营造和谐、文明的乡村社会氛围。

因此，无论是乡村振兴战略的实施还是乡风文明的建设，都深刻体现了乡村社会组织参与的广泛性与一致性。这些组织以其独特的优势与功能，为乡村的全面振兴与文明进步贡献了不可或缺的力量。

## （二）二者在乡村党组织参与上具有一致性

乡村党组织在乡村发展中扮演着至关重要的角色，它是破解乡村集体行动困境与社会选择难题的核心组织平台。作为乡村政治生活的领导核心,乡村党组织在推动乡村振兴战略深入实施和促进乡风文明建设不断前进的过程中,发挥着举足轻重的政治引领作用。通过强化党组织的组织力和凝聚力,乡村党组织能够有效地动员和组织乡村群众,共同为乡村的繁荣和发展贡献力量。

1. 乡村振兴战略是国家战略的重要组成部分,并被明确写入党章

实施乡村振兴战略需要深入基层,而乡村党组织正是连接党中央与广大农民群众的坚实桥梁。乡村党组织需要将乡村振兴战略置于优先地位,这不仅体现了党对乡村工作的全面领导,也是党深入基层、服务群众的具体依据。

2. 乡风文明建设需要乡村党组织的参与

从历史的维度审视,乡风文明建设一直在乡村党组织的引领下稳步前行。步入新时代,乡村党组织凭借其独特的政治优势、严密的组织架构和广泛的群众基础,紧密贴合广大农民群众对美好生活的热切期盼。正因如此,乡村党组织在新时代的乡风文明建设中,自然而然地担当起领航者的角色,成为组织的核心,并为乡风文明建设注入强大的动力。

(三)二者在村民委员会参与上具有一致性

村民委员会根植于基层,是村民自治的群众性组织,肩负着代表和维护村民利益的使命。在保障农民自治权益、守护农民切身利益、推动乡村经济社会全面进步的进程中,村民委员会发挥着举足轻重的独特作用。同时,村民委员会也是农民实现自我管理、自我服务、自我教育的正式平台。

乡村振兴战略的实施与乡风文明建设都需要通过村民委员会来实现。首先,村民委员会的工作领域十分广泛,它肩负发展农村集体经济的重任,管理村内的公共事务和公益事业,调解村民间的矛盾纠纷,维护乡

村的社会治安秩序,还积极组织开展各类精神文明创建活动。这些工作与乡村振兴战略的实施和乡风文明建设紧密相连、息息相关。乡村振兴战略和乡风文明建设的每一项具体工作,都离不开村民委员会这一直接反映农民意愿、代表农民利益的组织来贯彻落实。

村民委员会将原本松散的农民力量紧密凝聚在一起,汇聚成一股强大的合力,使农民能够高效地投入乡村振兴战略和乡风文明建设的各项实践之中。这种自下而上的参与模式,不仅增强了农民的主体地位和参与感,也确保了乡村振兴战略的实施,使乡风文明建设能真正贴近农民的现实需求,进而取得实实在在的成效。因此,乡村振兴战略与乡风文明建设在村民委员会参与上具有一致性。

### 三、共生环境的一致性

共生环境,原本指的是生物界中处于共生状态的生物体赖以生存和发展的环境条件。这一概念后来被引入社会科学领域,并被赋予了新的含义,指相互关联的社会事物所共有的形成条件和发展环境。人们在审视乡村振兴战略与乡风文明建设这两大战略时,可以清晰地看到它们在共生环境上存在着高度的一致性。乡村振兴战略内在地包含了乡风文明建设的要素,而乡风文明建设则是乡村振兴战略的精神支柱和灵魂所在。两者相互依存、相辅相成,构成了一个不可分割的整体。

文化生态,是指文化主体在创造和传播文化活动的过程中,与其所依存的生存环境、条件之间相互作用,共同形成的文化生态环境。乡村文化生态,特指乡村地区这种独特的文化生态环境,它是乡村自然生态与人文生态的有机融合。乡村的自然生态环境,是人类实践活动的原初舞台,也是实施乡村振兴战略和推进乡风文明建设的基础前提。由于乡村自然环境千差万别,因此在实施这两大战略时,人们必须遵循自然环境的客观规律,因地制宜、循序渐进地开发和利用乡村的自然资源。

乡村人文生态环境,是乡亲们在日常的生产劳动和人际交往中逐渐形成的道德规范、价值观念、伦理纽带、村规民约以及文化心态等非物质要素。这些要素并非自然天成，而是人们在社会实践中次生出来的精神空间，它们深深植根于乡村的土壤之中，影响着乡亲们的行为方式和思维方式。

相较于城市，乡村社会更为强调礼法的重要性，是一个典型的礼法主导的社会形态。因此，乡村社会本身就孕育着一个错综复杂、独具特色的文化生态环境体系。乡村振兴战略的实施与乡风文明建设需要在这一文化生态环境体系下进行，需要遵循发展的客观规律，从而在促进乡村文化生态环境发展的同时实现战略的稳步推进。因此，乡村振兴战略与乡风文明建设存在共生环境的一致性。

# 第四章　乡村振兴背景下乡风文明建设的作用机制及发展策略

在乡村振兴战略实施过程中，乡风文明建设不仅是精神文明建设的重要支柱，还是推动乡村全面振兴的关键力量。它关乎乡村社会的和谐稳定，关乎农民精神风貌的提升，更关乎乡村可持续发展的长远大计。本章将深入探讨乡风文明建设的作用机制，从多个维度剖析其内在逻辑，同时提出一系列发展策略，以进一步激发乡村内在活力，培育文明新风，为乡村振兴注入强劲的精神动力，提供有力的文化支撑。

## 第一节　乡风文明建设助力乡村振兴的内在逻辑及作用要素

在乡村振兴的征途上，乡风文明建设不仅是文化振兴的基石，还是驱动乡村全面发展的内在动力。其内在逻辑在于通过构建循环模式，促进乡村振兴战略目标的实现，激发乡村治理与经济发展的活力。

## 一、乡风文明建设助力乡村振兴的内在逻辑

乡风文明建设与乡村振兴的内在联系构成"驱动→状态→要素→目标"的循环模式,在这个模式之中,乡风文明建设与产业兴旺、生态宜居、治理有效、生活富裕这些内容一起构成乡村振兴的主要目标。在这个模式中,乡风文明建设引导乡村在经济、生态、文化、社会、民生等方面的建设和升级,而这些方面是乡村振兴的关键环节,为乡村振兴这一总体目标服务。通过相互促进的机制,乡风文明建设不断为乡村振兴作出贡献,而乡村振兴战略又反过来促进乡风文明建设成果的生成。这个过程是循环往复的过程,二者在相互促进的过程中实现乡村发展。

乡风文明建设可以持续为乡村振兴战略的实施提质增效,其内在逻辑如图 4-1 所示。

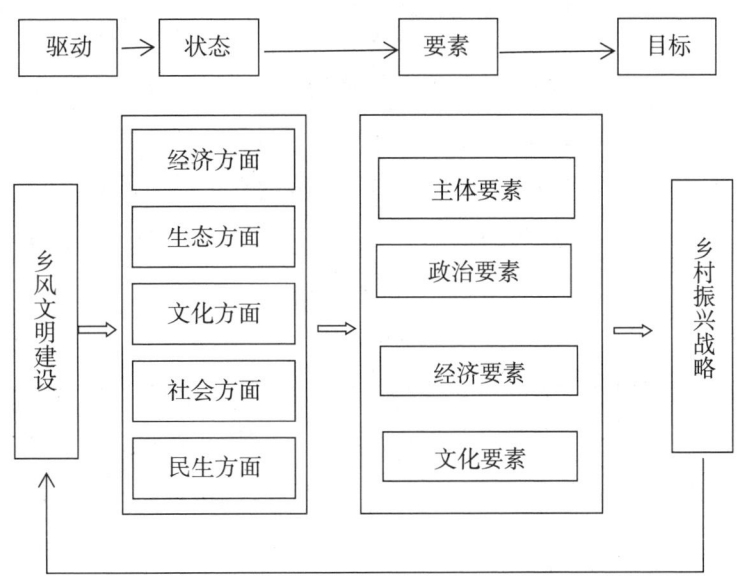

图 4-1 乡风文明建设助力乡村振兴战略的内在逻辑

## 二、乡风文明建设助力乡村振兴的作用要素

乡风文明建设的主要内容,也是乡风文明建设助力乡村振兴的作用

要素，包括新农民、基层党组织、产业升级、历史文脉和文化根基等，如图4-2所示。

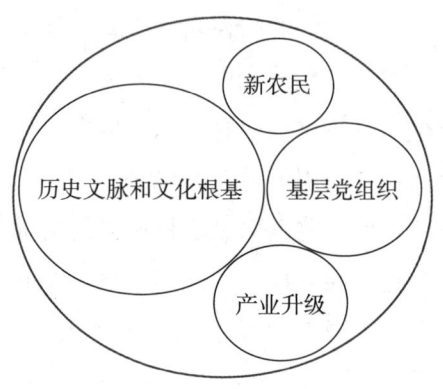

图4-2 乡风文明建设助力乡村振兴的作用要素

## （一）主体要素——新农民

随着市场经济的发展，社会主义新时代下的农民有了新变化，涌现出不少有文化、懂技术、会经营的新农民。广大农民群众是农村的主体，决定着农村的整体建设，因此农民的文化程度直接影响着乡风文明建设。如果一个地方的乡风文明建设速度快，说明这个地区的广大农民群众的思想觉悟高、道德素质高，他们能很快按照乡风文明建设的要求投身乡村建设之中，也能享受到乡风文明建设的成果，实现乡村的发展与治理。

在乡风文明建设过程中，一项重要工作就是向广大农民群众普及文化知识，提升广大农民群众的知识水平，通过普及九年制义务教育来提升广大农民群众的教育水平。这样，广大农民群众就能通过掌握农业新技术大大提升生产效率，最终获得良好的收益。而新农民将成为振兴乡村的主体力量，为社会主义新农村建设做出卓越贡献。

## （二）政治要素——基层党组织

基层党组织在乡风文明建设中起引领作用。从各地实践看，农村基层党组织主要通过党员、干部示范引领，建立保障机制，营造和谐氛围等措施，促进广大农民群众的观念升级。

同样，基层党组织是乡村振兴的重要部分，只有基层党组织的坚强领导才能让乡村振兴更有力量。因为在乡村振兴进程中，哪里的基层党组织坚强，哪里的乡村发展速度就快，农村的变化就大，农民的生活水平就会有显著提升。不管从经济发展角度看，还是从文化建设看，甚至是从公共服务设施配套建设看，乡村振兴都离不开基层党组织的统筹协作，都需要基层党组织带领广大农民群众不断拼搏奋斗。

### （三）经济要素——产业升级

产业升级是乡风文明建设的经济要素，产业升级对农村经济的发展有着重要的作用。首先，乡风文明建设打破了城乡二元对立的局面，促进了农村与城市之间的沟通与交流。其次，乡风文明能将城市要素资源向乡村转移，进而实现产业升级，最终促进产业兴旺。最后，诚信、勤劳、友善的乡风能够营造良好的营商环境，可以吸引投资与合作。比如，具有地方特色的乡风、乡村文化、民族风情等，可以转化为优质的旅游资源，带动乡村旅游产业的发展，从而实现产业升级。在此过程中，文明的乡风还能引领乡村正能量，激发广大农民群众的创业热情以及创新精神，实现乡村经济的多元化发展。

产业振兴一直是乡村振兴的重中之重。乡村产业振兴作为激活农业农村内在发展活力的核心引擎，是乡村全面振兴的核心动力。唯有通过乡村产业的繁荣兴盛，才能构建起更加完备的农业产业链条，催生农业产业的新形态，进而为农民开辟多元化的增收途径。

### （四）文化要素——历史文脉和文化根基

乡风文明建设有着自己的历史文脉以及文化根基。乡风文明建设的过程，实际上是激活中华优秀传统文化、社会主义先进文化、红色革命文化等的过程，在一定程度上促进多种文化的融合，且在文化融合过程中凸显出广大农民群众的主体地位和自主性，为乡村的文化振兴和精神

乡风文明建设作用机制及实践路径研究

文明建设提供了保障。同时，乡风文明建设有利于活化乡村文化，不断增强乡村文化自信，丰富乡村广大人民群众的精神生活。

文化要素同样是乡村振兴战略的主要内容。乡村振兴关键是实现乡村的文化振兴，如果没有乡村的文化振兴，也就谈不上真正的乡村振兴。文化是一个国家、一个民族的灵魂，文化兴、国运兴，文化强、民族强。只有乡村文化持久繁荣，才能实现乡村的持久振兴。

## 第二节　乡风文明助力乡村振兴的发展策略

2018年，《中共中央 国务院关于实施乡村振兴战略的意见》指出："实施乡村振兴战略，是解决人民日益增长的美好生活需要和不平衡不充分的发展之间的矛盾的必然要求，是实现'两个一百年'奋斗目标的必然要求，是实现全体人民共同富裕的必然要求。"[①]其中明确了乡村振兴的意义。

2024年党的二十届三中全会提出，"运用'千万工程'经验，健全推动乡村全面振兴长效机制"，再次明确了乡村振兴在城乡融合过程中、在推进中国式现代化过程中的意义。

乡村振兴最终要实现的目标是乡村广大地区的全面振兴，包括产业振兴、文化振兴、人才振兴、组织振兴以及生态振兴，其中文化振兴是乡村振兴的重要目标及要求。乡村振兴不仅是乡村各个看得见的领域的振兴，还有乡村精神文明的提升，也就是那些无形的文化的振兴。因此，要推进乡村振兴，需要先进文化的引领，通过文化振兴来引导其他方面

---

① 中国政府网：《中共中央 国务院关于实施乡村振兴战略的意见》，https://www.gov.cn/gongbao/content/2018/content_5266232.htm，访问日期：2024年8月15日。

第四章　乡村振兴背景下乡风文明建设的作用机制及发展策略

的振兴。在推动乡村文化振兴方面，习近平指出："要推动乡村文化振兴，加强农村思想道德建设和公共文化建设，以社会主义核心价值观为引领，深入挖掘优秀传统农耕文化蕴含的思想观念、人文精神、道德规范，培育挖掘乡土文化人才，弘扬主旋律和社会正气，培育文明乡风、良好家风、淳朴民风，改善农民精神风貌，提高乡村社会文明程度，焕发乡村文明新气象。"①

乡风文明建设作为乡村文化振兴的关键环节，对乡村振兴战略的实施具有深远的意义。为了充分发挥乡风文明建设对乡村振兴的推动作用，本书从以下几个方面入手进行分析和实践。

## 一、坚持以习近平新时代中国特色社会主义思想为引领

习近平新时代中国特色社会主义思想对乡风文明建设具有指导作用。一方面，乡村基层党组织通过学习贯彻习近平新时代中国特色社会主义思想，深入学习"三农"等重要论述，学习社会主义文化建设的相关部署内容，为乡村的文化建设以及推动乡村文化的振兴提供方向与路径；另一方面，通过组织广大农民群众学习习近平新时代中国特色社会主义思想，开展实现中华民族伟大复兴的中国梦的相关活动，提升自身的理论素养，进一步增强建设社会主义新农村的信心。

## 二、坚持党建引领

党在乡风文明建设中扮演着重要的角色，担负着把方向、管大局、定战略的重任，可以说党建的好坏直接关系着是否能办好"农村事"，因此只有坚持党建引领，才能让乡风文明建设助力乡村振兴。乡风文明建设可以通过以下两种方式充分发挥基层党组织的引领作用。

---

① 人民日报社：《江山就是人民　人民就是江山：习近平总书记系列重要论述综述（2020—2021）》，人民日报出版社2022年版，第82页。

## （一）创新宣讲方式，扩大乡风文明的影响范围

基层党组织可以利用现代传播技术，创新宣讲方式，如开直播宣讲乡村的相关文化、风气建设；还可以依托乡村大讲堂、村活动室、图书馆开展乡风文明教育。

## （二）健全基层党组织的工作机制

基层党组织应将乡风文明建设的相关内容纳入基层党组织的工作之中，不断挖掘有利于乡风文明建设的各种资源，不断丰富乡村的文化娱乐活动，营造积极向上的村容村貌。

## 三、加强乡村思想道德建设和文化建设

广大农村地区蕴含着丰富的优秀传统文化，这些传统文化中的思想观念、人文精神以及道德规范对广大农民群众有着重要的影响。因此，采用现代手段，利用农民喜爱的形式开展优秀传统文化的传承与发展活动，可以收到更好的效果。另外，广大乡村地区可以通过加强文化空间打造来宣传主流思想，以提升广大农民群众的精神境界。

具体的举措包括以下几个方面。

## （一）树立道德典范，引领社会风尚

道德典范在乡风文明建设中发挥着重要的作用。以荣获"文明村镇"称号的山西省运城市雷家坡村为例，该村长期以德孝文化为核心价值，定期举办"好媳妇"及道德模范评选活动，通过活动来表彰先进，激励广大村民发扬德孝传统。见贤则思齐，该村举办这样的评选活动的初衷是形成一人受表彰、全村受鼓舞的良好效应，此类活动促进了雷家坡村乡村道德水平的提升。

## （二）繁荣乡村文化，提升精神面貌

文化立本、文化立村已经成为乡风文明建设的共识，乡村文化的繁荣有利于广大农民群众知识、精神层次的提升，为乡村振兴提供精神上的动力。江苏省泰兴市蒋堡村是"全国文明村"，该村充分利用"泰兴鼓儿书发源地"的独特文化资源，组建鼓儿书研究团队与表演队伍，并打造蒋堡书场，使其成为该村文化展示与交流的平台，同时吸引了广大游客。可以说，乡村文化的挖掘不仅丰富了村民的文化生活，还在潜移默化中培育了积极向上的乡村文化氛围，促进了村民精神生活质量的提升。

## （三）强化政策引导，守护文化遗产

近几年来，国家高度重视传统村落保护与中华优秀传统文化的传承工作，并先后出台了一系列政策文件，明确了保护范围、重点任务与具体要求。同时，政府部门还提出了一系列创新性的保护利用措施，旨在完善法规政策、创新传统村落的保护方式、健全工作机制，推动传统村落文化的规范化保护与传承。

## （四）深化移风易俗，培育文明新风

为杜绝农村婚丧嫁娶大操大办、高额彩礼、奢侈浪费等现象，各地积极开展移风易俗的行动，制定村规民约，抵制不良现象。以"全国文明村"福建省南平市斜溪社区村为例，该村成立了移风易俗工作专项小组，通过制定并实施相关章程与村规民约，以法律法规为基础，辅以舆论引导与道德教育，树立了文明节俭的新风尚，促进了乡村社会的和谐与进步。

## 四、发展乡村文化产业，为乡村振兴提供物质基础

要实现乡村振兴，需要积极发展文化产业。党的二十大报告提出要繁荣发展文化事业和文化产业，实施重大文化产业项目带动战略。这些

战略可以让乡村文化中的乡风等元素活化起来，进一步推进乡村产业创新发展。文化产业的发展使得乡村文化得到传承与发展，还能通过文化赋能产业发展，促进农民增收。

乡村要深入挖掘优秀传统文化的内涵和价值，将现代观念融入其中，实现创新性发展，并将其成果融入乡村文化产业中，因地制宜地发展特色文化产业。山东省高密市聂家庄，村民祖祖辈辈传承泥塑艺术，该村以对泥塑工艺集聚化、产业化方式继承泥塑传统工艺，并结合现代流行元素，制作了多个系列的泥塑产品，得到了消费者的好评。同时，该村以泥塑为"IP"衍生出更多的产业，如"文化＋旅游"，通过修建泥塑主题街道、开发墙绘，将泥塑文化特色做成了独特景色，不仅发展了乡村文化产业，还实现了集体经济增收。

## 五、培育乡风文明人才，储备战略资源

在乡风文明建设中，人才是关键。那如何培育人才呢？首先，可以就地取"才"，也就是从农民群众中选拔和培养人才。各地要加大资金投入，鼓励本地的人才投身社会主义新农村建设。其次，应鼓励企业家、科普工作者、文化工作者、退休人员、文化志愿者投身乡风文明建设，通过将本地的文化内涵挖掘出来并注入乡风建设中，从而提升农民群众的思想认识和道德素质。

# 第五章　社会主义核心价值观引领乡风文明建设的路径

## 第一节　社会主义核心价值观概述

社会主义核心价值观作为新时代的精神灯塔，为乡风文明建设提供了发展方向和价值引领。将社会主义核心价值观内化于心、外化于行并运用于乡风文明建设，有助于使乡风文明焕发新的生机与活力，为乡村振兴注入强大的精神动力。

### 一、社会主义核心价值观的形成

社会主义核心价值观是顺应时代发展，结合当代需求而形成的。中国社会的发展是遵循马克思主义理论体系的科学发展过程，其发展符合社会发展的客观规律，也符合人类文明进步的发展规律。社会主义核心价值观正是在这一历史进程中逐步形成的。随着社会主义市场经济的蓬勃发展，人们的生活环境和生活方式发生了翻天覆地的变化，价值观也呈现出多元化的趋势。社会宽容并包，允许多种价值观并存，但其中必有主次之分。起主导作用的价值观是一个国家最为核心、需要长期坚守的价值规范,它统领着其他价值观和社会意识。这一核心价值观的根本特性在于其体现社会主义性质和中国特色。经过长时间的沉淀与凝练形成的社会主义核心价值观,内容十分丰富,蕴含着深厚的文化底蕴和时代精神。

党的十八大报告首次提出了"三个倡导",即倡导"富强、民主、文明、和谐"的国家层面价值目标,倡导"自由、平等、公正、法治"的社会层面价值取向,倡导"爱国、敬业、诚信、友善"的个人层面价值准则。这些内容共同构成了社会主义核心价值观的核心要义。社会主义核心价值观涵盖了国家、社会、个人三大层面,这三大层面相互交融、相辅相成,从宏观到微观、从整体到个体,全面体现了当代中国人最深层、最根本的价值追求。社会主义核心价值观为我国的社会主义现代化事业提供了坚实的价值支撑,凝聚起了强大的精神力量。

## 二、社会主义核心价值观的基本内容

社会主义核心价值观包含在24个字中,其具体论述如表5-1所示。

表5-1　社会主义核心价值观的基本内容

| 三大层面 | 价值追求 | 基本内容 | 具体内容 |
| --- | --- | --- | --- |
| 国家层面 | 价值目标 | 富强 | 富强即国富民强,它是社会主义现代化国家在经济建设上追求的理想状态。这一理念承载着中华民族长久以来的美好愿景,是国家繁荣昌盛的基石,也是人民幸福安康的物质基础。富强不仅体现了国家经济的蓬勃发展,还彰显了民族力量的崛起和人民生活的富足。要把弘扬和践行社会主义富强观融入改革创新的时代精神教育,让每个公民都认识到,改革创新是这个时代的最强音,国家富强的梦想只有在改革创新的时代潮流中才能真正实现 |
| | | 民主 | 民主作为人类社会普遍追求的美好理想,其真谛在于人民民主,即让人民真正成为国家的主人,掌握自己的命运。人民当家作主是社会主义制度的本质特征,也是其蓬勃生命力的源泉,它为创造人民美好幸福生活提供了坚实的政治保障。我们必须坚定信念,认识到社会主义的发展与民主的进步是相辅相成的,社会主义越发展,民主就越应得到彰显和深化。在坚持中国特色社会主义民主的基本原则和基本制度不动摇的同时,我们必须紧跟时代步伐,不断探索新实践中的新情况、新问题,使中国特色社会主义民主能够与经济社会的快速发展相协调,与人民日益提高的政治参与积极性相适应 |

续 表

| 三大层面 | 价值追求 | 基本内容 | 具体内容 |
|---|---|---|---|
| 国家层面 | 价值目标 | 文明 | 文明作为社会进步的鲜明标志,彰显着社会主义现代化国家的独特魅力。它是国家文化建设所追求的理想状态,是对面向现代化、面向世界、面向未来的,民族的、科学的、大众的社会主义文化的概括,是实现中华民族伟大复兴不可或缺的重要支柱。将文明纳入社会主义核心价值观体系,意味着我们必须将这一价值观深植于国民教育和精神文明建设的每一个环节,让其渗透于中国特色社会主义的经济、政治、文化、社会等各个建设领域。使文明成为全体人民内心深处共鸣的价值理念,成为大家自觉遵循的行为准则,更成为全党全国各族人民团结一心、共同奋斗的思想基石。同时,把文明作为社会主义核心价值观,要求我们深刻把握文明建设的内在规律,坚持持之以恒、重在建设的原则,建立起一套文明建设的长效机制,让文明之花在社会主义现代化建设的伟大实践中绚丽绽放 |
| | | 和谐 | 和谐这一深植于中国传统文化中的核心理念,生动地展现了一个理想社会的面貌:学有所教、劳有所得、病有所医、老有所养、住有所居。它不仅是社会主义现代化国家在社会建设方面所追求的价值目标,还是确保经济社会和谐稳定、持续健康发展的基础。将和谐作为社会主义核心价值观,意味着我们必须更加重视社会公平与正义的实现。这要求我们在社会发展的过程中,不断消除不公,促进资源的合理分配,让每个人都能享受到发展的成果。同时,和谐要求我们摒弃"征服自然"的陈旧观念,树立"人与自然和谐相处"的新发展理念。这意味着我们要在发展的同时,尊重自然、保护自然,实现人与自然的共生共荣。此外,和谐意味着我们不能仅仅局限于经济增长的单一目标,而是要追求经济社会的全面协调发展。这要求我们在发展的过程中注重经济、社会、文化、生态等多方面的协同进步,实现真正的可持续发展。最后,和谐要求我们转变资源开发的观念,确立"人才是第一资源"的新理念。这意味着我们要更加重视人才的培养和开发,将人力资源作为推动社会发展的主要动力,形成以开发人自身资源为主导的发展路径 |
| 社会层面 | 价值取向 | 自由 | 自由是指人的意志自由、存在和发展的自由,是人类社会的美好向往,也是马克思主义追求的社会价值目标。自由是人类文明发展的共同成果,是人类价值认识中的共识元素,是人类共同的价值追求。自由必须有制度保障,人民只有共同建立公正、平等地保护每个社会成员的法律,自由才能真正实现 |

续 表

| 三大层面 | 价值追求 | 基本内容 | 具体内容 |
|---|---|---|---|
| 社会层面 | 价值取向 | 平等 | 平等指人们在社会、政治、经济、法律等方面享有同等待遇，也泛指地位平等、不歧视。平等强调的是每个公民在法律面前一律平等，其深层的价值取向在于持续追求并实现真正的实质平等。这不仅仅是一个口号，而是要求我们在社会生活的各个方面都要切实尊重和保障每一个人的基本人权。平等意味着无论出身、性别、种族或其他任何身份特征，每个人都应该依法享有平等参与社会各项活动的权利。这种参与不仅是形式上的，更是实质上的，确保每个人都能有平等的机会展现自己的才能，追求自己的发展。同时，平等也要求我们在发展过程中不能忽视任何一个人的权益。每个人都应该有平等发展的权利，无论他们处于社会的哪个阶层，都应该有机会通过自己的努力改善自己的生活，实现自己的梦想 |
| 社会层面 | 价值取向 | 公正 | 公正即社会公平和正义，它以人的解放、人的自由平等权利的获得为前提，是国家和社会应然的根本价值理念。公正要求政治、法律上的公平公正，任何阶级和集团都不能享有特权。公正是人类社会存在的首要原则，是人类文明基本价值的核心和要旨，是人类社会文明进步的根本标志，也是社会发展的基础 |
| 社会层面 | 价值取向 | 法治 | 法治是治国理政的基本方式，是社会主义民主政治不可或缺的基石。坚持依法治国，就是要求我们在国家治理的各个方面都必须严格依照法律来进行。法治建设是法治的核心内容，它通过建立和完善法律体系，为公民的权利和利益提供了坚实的保障。法律作为公平正义的化身，确保每个人都能在平等的环境下自由发展，享受应有的权益。法治的实现不仅仅是法律条文的制定和执行，更是一种制度上的保证。它确保了社会的自由平等、公平正义得以真正实现，让每一个公民都能在法律的保护下安心生活、积极奋斗。社会主义核心价值观中的"法治"既是马克思主义同中国实际相结合的产物，是党的领导、人民当家作主和依法治国的有机统一，也是对中国传统思想文化的积极扬弃，是"依法治国"与"以德治国"的有机结合 |
| 个人层面 | 价值准则 | 爱国 | 爱国是一个合格公民最起码的道德准则，是中华民族的优秀传统，也是调节个人与祖国关系的行为准则。爱国情感与社会主义理念紧密相连，它要求每个人将振兴中华的宏伟目标铭记于心，视为自己的神圣使命。我们不仅要积极促进各民族之间的团结和谐，像石榴籽一样紧紧抱在一起，还要坚决维护祖国的统一和领土完整，不容任何分裂行径。同时，每个人都要自觉地将个人的理想追求融入报效祖国的伟大事业之中，用实际行动为祖国的繁荣富强贡献自己的力量 |

续 表

| 三大层面 | 价值追求 | 基本内容 | 具体内容 |
|---|---|---|---|
| 个人层面 | 价值准则 | 敬业 | 敬业是对公民职业行为准则的价值评价，它要求公民具有积极向上的劳动态度和艰苦奋斗的精神，忠于职守、精益求精、服务社会，充分体现现代职业精神。敬业是职业道德的核心精髓，为个人的成长与发展奠定了坚实的基础。同时，它也是推动社会不断前行、持续进步的强大动力。中华民族之所以能够创造出辉煌灿烂的文明，正是源自一代又一代人敬业奉献的精神传承。一个民族若能保持敬业乐业的风尚，那么它必将赢得世人的尊敬与敬仰。因为敬业不仅体现了对工作的热爱与执着，还彰显了对社会的责任与担当 |
| | | 诚信 | 诚信即诚实守信，是社会主义道德建设的重心所在。它不仅是个人为人处世的准则，还是立身社会的根基。诚信倡导我们在劳动中脚踏实地，在承诺上言出必行，在待人上真诚无伪。诚信是内在的态度与外在行为的统一，是我们在生活实践中应当秉持的真诚无欺、实事求是的精神风貌，也是信守承诺、言行一致的行为表现。它要求我们在言语上要说真话、实话，不夸大、不隐瞒；在行动上要做实事、好事，不虚伪、不敷衍；在为人上要做老实人、正直人，不狡诈、不欺瞒 |
| | | 友善 | 友善作为一种促进人际和谐的道德准则，蕴含着人与人之间应有的尊重、关怀与互助精神。它不仅是社会交往中温暖人心的力量，也是社会主义核心价值观中不可或缺的一环。倡导友善就是强调在公民之间要建立起一种基于相互尊重、深切关怀和积极帮助的良好关系。这种关系超越了简单的利益交换，体现的是人与人之间真挚的情感联系和共同的价值追求。友善的实践意味着人们要在日常生活中用真诚的心对待每一个人，用和睦友好的态度营造和谐的社会氛围。通过这样的努力，人们共同塑造社会主义新型的人际关系，让社会充满更多的温情与正能量 |

## 三、社会主义核心价值观的地位及意义

### （一）社会主义核心价值观的地位

社会主义核心价值观有着重要的历史地位，主要表现在以下几个方面。

1. 中华民族实现复兴之魂

社会主义核心价值观是中华民族实现复兴之魂，它是国家精神的集中体现，更是推动中国特色社会主义伟大事业不断前行的精神指引。社

会主义核心价值观蕴含着优秀文明成果以及社会价值共识,指引广大民众心往一处想、劲儿往一处使,为中华民族伟大复兴贡献力量。

我国在建设社会主义现代化过程中,有很多的问题要解决,有很多的难关要克服,因此人们必须以高昂的姿态,锐意进取,不断践行社会主义核心价值观,不断巩固马克思主义在意识形态领域的主导地位,以社会主义核心价值观为指导,实现中华民族伟大复兴。

2. 和谐社会的精神支柱

社会主义核心价值观是创建和谐社会的精神支柱,无论是个人还是整个中华民族,都需要社会主义核心价值观的引领,都需要用社会主义核心价值观营造精神世界、建设精神家园。

随着市场经济的发展,当下的中国人更加注重美好的精神生活,这必然要依赖于社会主义核心价值观,通过社会主义核心价值观来振奋人们的精神、增强人们的动力,铸牢中华民族的精神支柱。

3. 国家长治久安的行动向导

要实现国家的长治久安,必须坚持社会主义核心价值观,因为社会主义核心价值观是国家长治久安的行动向导。要实现"两个一百年"奋斗目标,要实现中国梦,必须凝聚价值共识以及价值追求。

社会主义核心价值观为广大民众提供核心价值体系,构建核心价值观,引导他们团结一心,艰苦奋斗,为实现国家的繁荣与富强而努力。在奋斗过程中,社会主义核心价值观排除了不稳定因素,有助于实现国家的长治久安。因此,社会主义核心价值观是国家长治久安的行动向导。

(二)社会主义核心价值观的意义

1. 社会主义核心价值观加深了对我国社会主义本质的认识

中国特色社会主义理论体系系统地探索并回答了三大核心问题。

其一，关于社会主义的本质及其建设路径，即"什么是社会主义"及"如何建设社会主义"。

其二，聚焦于党的自身建设，探讨"建设什么样的党"以及"怎样建设党"的问题。

其三，围绕发展问题，明确"实现什么样的发展"及"怎样发展"的战略方向。

这一系列探索实际上是对中国特色社会主义本质的认识。根据马克思主义的基本原理，社会主义必须建立在高度发达的生产力基础上。随着社会经济的迅猛发展，人民群众对于社会公平、正义、民主、法治、文明、和谐等方面的追求日益强烈。这背后不仅是物质文明进步的体现，还是精神文明提升的重要标志。

社会主义核心价值观的提出是对社会主义本质认识的一次重大飞跃。它不仅在理论层面丰富了社会主义的内涵，还从价值层面深刻揭示了社会主义的本质——"科学社会主义既是一种人类认识真理的思想体系和社会发展的实践运动，也是一种符合历史发展规律的制度安排，更是一种合目的性的人类价值体系。"① 这一价值体系的构建为我国建设中国特色社会主义的征程提供了清晰的指引和强大的动力。

2. 社会主义核心价值观丰富了马克思主义的价值理论

马克思主义价值理论的形成是建立在科学的实践观基础之上的，强调人的实践活动实际上是对价值的追求、创造与实现过程。马克思主义深刻揭示了人类社会发展的终极价值追求——实现人的自由而全面的发展。然而，面对不同历史阶段的社会发展需求，如何描绘不同历史阶段的最高价值，如何使其在实践中发挥引领价值导向作用，如何发挥其信仰基石的作用，需要深入实践、不断探索。

社会主义核心价值观的提出正是对马克思主义价值理论的发展与深

---

① 吴向东:《社会主义核心价值观的意义自觉》，《光明日报》2013年9月14日第11版。

化。社会主义核心价值观结构严谨，层次分明，由三大层面构成：国家层面倡导"富强、民主、文明、和谐"的价值目标，勾勒了理想国家的蓝图；社会层面倡导"自由、平等、公正、法治"的价值取向，构建了和谐社会的基石；个人层面则强调"爱国、敬业、诚信、友善"的价值准则，培育了公民应有的道德品质。这一体系全面而深刻地回答了关于国家建设、社会构建与公民培育的重大问题，充分展现了中国共产党的核心价值追求，它能生成强大的凝聚力与向心力，是推动社会全面进步与人的自由发展不可或缺的精神动力。

### 3. 社会主义核心价值观增强了国家的文化软实力

习近平在中共中央政治局第十三次集体学习时明确指出："核心价值观是文化软实力的灵魂、文化软实力建设的重点。这是决定文化性质和方向的最深层次要素。一个国家的文化软实力，从根本上说，取决于其核心价值观的生命力、凝聚力、感召力。"① 当今世界，国家的发展壮大离不开"硬实力"的支撑，更离不开"文化软实力"的滋养，二者共同构成了国家强盛的坚实基石。

随着全球化进程的加速，国际竞争日益激烈，文化软实力在国家综合实力比拼中的地位愈发重要。基于此，党的十七大报告提出了"提高国家文化软实力"的战略任务，提出通过文化的繁荣与发展提升国家的国际影响力和竞争力。

为进一步凸显文化软实力的地位，2011 年，党的十七届六中全会审议通过了《中共中央关于深化文化体制改革推动社会主义文化大发展大繁荣若干重大问题的决定》，文件明确提出增强国家文化软实力、弘扬中华文化、建设社会主义文化强国的内容。在这一背景下，培育和弘扬社会主义核心价值观成了实现这一战略目标的关键环节。

---

① 引自 2014 年 2 月 24 日习近平在中共中央政治局第十三次集体学习时的讲话。

# 第二节 社会主义核心价值观与乡风文明建设的内在关联

社会主义核心价值观与乡风文明建设有着密切的关系，二者相辅相成，共同推动乡村振兴。社会主义核心价值观为乡风文明建设提供了价值导向和精神动力，而乡风文明建设的成果又进一步丰富了社会主义核心价值观的内涵和表现形式。二者相互促进，共同推动着乡村振兴的进程。

## 一、社会主义核心价值观是乡风文明建设的基本准则

社会主义核心价值观为乡村社会提供了明确的价值导向和道德标准，促进了乡村文化的繁荣与和谐，推动了乡风文明的整体提升，是乡风文明建设的基本准则。

### （一）社会主义核心价值观为乡风文明建设提供强大支撑

要实现国家的稳定与和谐，需要建立核心价值观进行价值指导与维系，而社会主义核心价值观正是乡风文明建设强大的支撑。

随着时代的发展和社会转型，广大农民群众在物质上获得满足的基础上，对精神文明的需求也在不断增多，并表现出需求多元化的倾向，同时产生了一些不良的社会风气，需要通过移风易俗，形成正确的价值观。要使得移风易俗形成长效机制，一方面需要借助党章党规、法律法规这些刚性约束来扫除不良社会风气，树立起新风正气；另一方面需要以社会主义核心价值观为价值导向，引导农民群众树立正确的价值观念，形成积极向上、求真务实的乡村文化氛围。不仅如此，社会主义核心价

值观强调法治思维，要求人们遵守法律法规。在乡风文明建设中，加强农村法治意识，维护良好的乡村秩序，是保障农民权益、推动乡风文明建设的重要方面。

（二）社会主义核心价值观是引领乡风文明建设的灵魂与旗帜

如果没有社会主义核心价值观作为精神文明建设的引领，将直接导致农村精神文明建设失去正确的方向，也将丧失其内在的活力与持续发展的动力。长期以来，中国特色社会主义以追求文明、有序、优美、舒适、特色的乡风为重要目标，而建设富强、民主、文明、和谐的美丽乡村是社会主义核心价值观在农村社会中的具体化与集中展现，在社会主义核心价值观的引领下，将构建一个既经济富裕又政治民主、充满和谐且文化繁荣的美丽乡村图景。

另外，开展社会主义核心价值观的教育实践活动，能有效提升农民群众的精神文化生活品质，改善农民的精神文化生态，进而提升广大农民群众的文明素养与农村社会的整体文明程度。社会主义核心价值观还能加强新型农民的培养，促进广大农民群众学习现代科技知识、掌握先进技能，为乡村振兴战略的实施提供坚实的人才保障与强大的精神支撑。

（三）社会主义核心价值观对乡风文明建设有文化传承的功能

在乡风文明建设的实践中所挖掘和传承的农村优秀传统文化的精髓，如尊老爱幼、邻里和睦、勤劳节俭等美德，同样是社会主义核心价值观的生动体现。另外，乡村日常举办的农民文化节、传统手工艺展示、民俗节庆活动等形式，都贯穿着社会主义核心价值观的文化传承功能，能让村民们在参与中感受传统文化的魅力，增强文化自信，激发乡村文化活力。

同时，社会主义核心价值观鼓励和支持乡村文化创新，鼓励广大民众将传统文化与现代文明融合，发展乡村旅游、乡村文创产业等，既保留了乡村的原汁原味，又促进了乡村经济的多元化发展。

乡风文明建设中的乡村教育、文化设施的投入，让社会主义核心价值观在乡村落地生根，培养出一批批既懂得现代农业技术，又具备高尚道德情操和深厚文化底蕴的新时代乡村建设者，为乡村的繁荣提供了人才储备。

## 二、乡风文明建设对社会主义核心价值观的实践体现

乡风文明建设不是外在体制的简单运行，而是乡土、乡人、乡风三者的一体化建设，是一个人的精神层面不断向更深层次推进的过程，是乡村文化、乡村精神和乡村风貌的全面提升。在这个过程中，社会主义核心价值观起着举足轻重的引领作用，是乡风文明建设的灵魂。

### （一）乡风文明建设体现着社会主义核心价值观诉求

党的十九大报告指出："社会主义核心价值观是当代中国精神的集中体现，凝结着全体人民共同的价值追求。要以培养担当民族复兴大任的时代新人为着眼点，强化教育引导、实践养成、制度保障，发挥社会主义核心价值观对国民教育、精神文明创建、精神文化产品创作生产传播的引领作用，把社会主义核心价值观融入社会发展各方面，转化为人们的情感认同和行为习惯。"① 这段话强调了社会主义核心价值观是"当代中国精神的集中体现，凝结着全体人民共同的价值追求"，它在国家层面、社会层面、个人层面这三个层面相互作用，相互促进。个人是组成国家、社会的细胞，个人的价值观是组成国家价值观、社会价值观的基础，也是实践社会主义核心价值观的基础。从这个意义上讲，个人层面是对乡风文明建设最直接的表现，新时代的新农民需要爱国、爱家乡、上敬老、下爱小，形成正确的价值观，投身到新农村建设中。

---

①《中国共产党第十九次全国代表大会文件汇编》，人民出版社2017年版，第34页。

## （二）乡风文明建设是主体内化的过程

乡风文明建设是一个缓慢的过程，因此具有长期性，需要广大农民群众将建设家乡的热情落实到日常实践中。

### 1. 乡风文明建设需要广大农民群众有担当、勇于奋斗

人们在探讨乡风文明建设的主体时存在两种鲜明的观点。一种观点认为，现代乡贤是乡风文明建设的核心力量。乡贤出生于农村，凭借自身的努力和才华，在文化、教育、商业等领域中取得了卓越的成就。他们心怀故土，不忘家乡，积极投身乡村建设，以实际行动为家乡的发展添砖加瓦，贡献着自己的智慧和力量。另一种观点认为，基层政府和管理者是乡风文明建设的主导者。因为基层政府和管理者在乡村事务的管理中扮演着重要角色，负责管理和协调乡村的生产、生活、文化、教育、医疗、治安等各个领域的相关工作。以上两种观点虽然指出了现代乡贤和基层政府、管理者在乡风文明建设中的作用，但流于表象。乡风文明建设的主体应当是广大农民群众，他们才是乡风文明的塑造者。

乡风文明建设的过程是广大农民群众积极进取、努力奋斗的过程。

其一，产业兴旺是乡风文明建设的前提。无论是乡村的传统产业还是新兴产业，都是乡村经济的支柱。广大农民群众作为乡村的主体，需要发扬诚实劳动、积极创业的精神，以主人翁的姿态投身到乡村建设中去。只有产业兴旺了，乡村的经济基础才能更加稳固，从而为乡风文明建设提供有力的物质支撑。

其二，共同富裕是乡风文明建设的保障。广大乡村要富起来，离不开农民群众的自立自觉意识。农民群众需要通过努力奋斗，不断提升自己的生活水平，改善和提升乡村的物质条件。共同富裕不仅体现在物质层面的富足，还体现在精神层面的充实和满足。只有实现了共同富裕，乡村的社会和谐稳定才能有更坚实的基础。

其三，生态宜居是乡风文明建设的标志。天蓝地绿、山清水秀、人

与自然和谐共生、人与人之间和谐相处,这是乡村最美好的愿景。乡风文明建设要注重生态环境保护,推动绿色发展,让乡村成为宜居宜业的美好家园。生态宜居不仅体现了乡村的自然美,还体现了乡村的人文美和精神美。

2. 乡风文明建设需要广大农民群众自信自觉

文明与不文明构成了社会行为规范的二元对立面,文明的行为规范对社会的价值无疑是巨大的,不文明的行为规范带来的负能量的传染性及破坏性不利于社会的稳定与个体的发展。因此,强调个体自觉抵制不文明的言语与行为,倡导文明的行为规范,成为提升乡村整体文明水平的关键举措。

从人的本质属性来观照个体,个体内部往往并存着文明与不文明两种倾向,它们之间的力量对比直接影响着个体的行为选择与价值判断。当文明倾向占据主导地位时,个体能够自觉抵制不文明行为的诱惑;反之,若不文明倾向占据上风,则可能导致个体行为失范与价值扭曲。

在此背景下,新时代的村民作为乡村振兴的主力军,必须具备高度的自我意识和自律精神,这是乡风文明建设的内在动力。村民应主动学习科学文化知识,不断提升自己的综合素质,通过学习更好地适应现代农业的发展需求,改进生产生活方式,提高生产效率和生活质量。培养科学精神是乡风文明建设的内容之一。广大乡村地区要普及科学知识,让村民了解科学、相信科学、运用科学,推动乡村的科技进步和创新发展。乡风文明建设要弘扬符合时代要求的新风尚,通过开展形式多样的文化活动,引导村民树立正确的价值观念,倡导文明、健康、绿色的生活方式。移风易俗也是乡风文明建设的重要一环,要坚决抵制腐朽落后文化的侵蚀,摒弃那些与时代发展不相适应的陈规陋习,推动乡村文化更新换代,让乡村文化更加符合时代的要求,更加贴近村民的实际需求。

3. 乡风文明建设需要广大农民群众弘扬中华优秀传统文化

古希腊哲学家柏拉图曾主张,每个人要居其位尽其职,安分守己,则国家平安无事。柏拉图虽是为奴隶主贵族利益考虑,但这一思想也有可取之处,柏拉图道出了社会身份与社会角色对社会文明的实现有积极的意义。

乡风文明建设需要广大农民群众转换思维方式,改变以往"熟人社会"的关系维护方式,树立法治观念,用法律武器来维护个人利益。另外,广大农民群众应当深刻理解中国传统文化中家庭责任感所蕴含的社会主体责任感。家庭是社会的细胞,家庭责任感不仅是家庭和睦的基石,更是社会稳定的重要支柱,因此要创新性地将其转化为社会公德、家庭美德、职业道德、个人品德等道德规范,使其更加符合新时代农民群众的需求和实际。乡风文明建设不仅是社会进步的外在表现,还是社会主义核心价值观在农民群众身上的具体体现。它要求新时代的新农民不仅要具备物质文明的素养,还要具备精神文明的品质。

我国在乡风文明建设的进程中,要广泛开展理想信念教育,让广大农民群众坚定信念、明确方向。深入宣传中国特色社会主义和中国梦,可以让农民群众了解国家的发展蓝图和民族的复兴大业,激发他们的爱国热情和民族自豪感。要大力弘扬民族精神和时代精神,这些精神是中华民族的瑰宝,是激励人们不断前行的强大动力。加强爱国主义、集体主义、社会主义教育,能够让农民群众深刻认识到个人的命运与国家的命运紧密相连,增强他们的社会责任感和使命感。要引导人们树立正确的历史观、民族观、国家观、文化观。历史是最好的教科书,要让农民群众了解历史,铭记历史,从历史中汲取智慧和力量;要让农民群众认识到自己是中华民族的一分子,要自觉维护民族的团结和统一;要让农民群众树立国家意识,热爱自己的祖国,为国家的繁荣富强贡献自己的力量;要让农民群众珍视自己的文化传统,传承和弘扬中华优秀传统文化,同时积极吸收外来文化的有益成分,推动文化的创新和发展。这样一来，广大农民群众就在提倡什么、赞成什么、反对什么的问题上明明白白，也就守住了底线。

在乡村振兴战略实施过程中，社会主义核心价值观与乡风文明建设实现了有机统一，共同为乡村振兴战略服务。这一统一不仅体现在物质层面的改善，还体现在精神风貌的焕然一新，让乡村充满无限生机。

## 第三节　社会主义核心价值观引领乡风文明建设策略

用社会主义核心价值观引领乡风文明建设，增强广大农民群众对社会主义核心价值观的认同与实践的前提是坚持习近平新时代中国特色社会主义思想，在实践过程中要全面贯彻中央农村工作会议精神，一切从农村的实际出发，以人为本，全面稳步推进乡风文明建设。

以社会主义核心价值观引领乡风文明建设的策略包括以下几个方面。

### 一、健全领导、组织、培训机制

广大乡村地区的乡风文明建设不仅需要广大农民群众的参与，还需要领导的"领路"。各级党委、政府需要从思想上认识到乡风文明建设的重要性，要健全领导体制，构建一个既有序又充满活力的组织体系。在这个体系中，党的领导是核心力量，为整个体系建设指明方向、提供动力。各级政府组织作为推动者，负责将党的方针政策转化为具体行动，确保各项措施落地生根。农村村委会作为基层自治组织，发挥着桥梁和纽带的作用，将党的声音和政府的工作传达到每一个农民家庭，同时将农民群众的意愿和需求反馈给上级组织。广大农民群众是这个体系的主体，他们的积极参与和共同努力是乡风文明建设取得成效的关键。

此外，乡风文明建设需强化农村基层党组织的力量，发挥其政治引领与战斗堡垒作用。基层党组织应深入践行"好干部"标准，严格规范干部选拔流程。完善农村干部考核体系，应创新性地融入社会主义核心价值观的践行情况，将其作为衡量干部工作实绩的重要标尺。这一举措，可以进一步激发农村基层干部的积极性和责任感，推动乡风文明建设不断迈上新台阶。

最后，基层党组织应将社会主义核心价值观融入农村基层干部培训之中，以此强化干部的思想建设。通过培训，基层党组织能够引导广大农村基层干部坚定中国特色社会主义的理想信念，自觉将社会主义核心价值观内化于心、外化于行，使其成为日常工作的行为准则，从而更好地服务于乡风文明建设和农村发展。

## 二、创新社会主义核心价值观的传播方式

在推进乡风文明建设的征途中，基层党组织需要高举社会主义核心价值观的旗帜，确保这一时代精神植根于广袤的乡村大地。在践行过程中，基层党组织需要考虑农民群体的文化程度和认知水平。弘扬与践行社会主义核心价值观需贴近民心、贴近农民实际，可以运用农民熟悉的事物，如民谣、戏曲、故事会等，以通俗且易于接受的语言，将社会主义核心价值观的精髓表现出来，通过挖掘和引用乡村历史中的正面典型与典故，让高深的理论知识变得生动有趣，易于记忆与理解。

在传播手法上，基层党组织可以大胆创新，将社会主义核心价值观的"高大上"转化为农民日常生活中的"小而美"，将宏观的价值理念细化为一个个发生在田间地头、邻里乡亲间的小故事，让农民在平凡生活中感受到社会主义核心价值观的温暖与力量。

## 三、重视乡土文化和乡土资源

乡土文化根植于农耕文化，乡村则是乡土文化的基本载体。乡土文化不仅是中华民族薪火相传的动力，还是社会主义核心价值观的重要部分。

开展乡风文明建设，需要把握乡土文化的内蕴及发展规律，从乡土文化中挖掘优秀的思想观念、人文精神、道德规范，更重要的是要运用现代眼光，对这些精华进行创造性转化与创新性发展，从而找到社会主义核心价值观与乡风文明的契合点，展现出乡土文化的深厚内蕴，同时让乡土文化培育出社会主义核心价值观。

广大农村普遍拥有丰富的乡土文化资源，涉及非物质文化遗产、民间艺术、民间传说及手工艺等诸多领域。乡风文明建设必须珍视并深入挖掘这些宝贵资源，传承其蕴含的传统文化元素，并结合现代社会发展需求，对这些资源进行转化与创新，提炼出新颖独特的文化元素，不断丰富农村文化生活，增强社会主义核心价值观的吸引力和感染力，让乡风文明建设焕发新的生机与活力。

### 四、关注三大重点人群

乡村文明建设是一项系统工程，关键在于激发全民参与的热情，形成上下一心、共建共享的良好氛围。乡风文明建设需精准聚焦三类重点人群，他们对于引领乡村风气、树立文明标杆至关重要。

#### （一）农村党员干部

乡风文明建设要牢牢抓住农村党员干部这一核心力量，通过加强党性教育、提升服务能力，促使农村党员干部以身作则，以优良的党风政风为引领，让清廉正直成为常态，带动乡村社会风气的根本好转。

#### （二）社会先进典型

乡风文明建设应高度重视并充分发挥农民企业家、道德模范、最美乡村医生、教师等社会先进典型的示范效应，通过表彰奖励、宣传引导等方式，强化这类群体的道德自觉和社会责任感，鼓励他们在各自领域内发光发热，用实际行动诠释社会主义核心价值观，成为乡村文明新风尚的引领者和传播者。

### （三）农村青少年

农村青少年是不容忽视的群体，他们是乡村的未来与希望，其世界观、人生观、价值观正处于塑造的关键时期。因此，加强农村社会主义精神文明建设，必须着眼于长远，从娃娃抓起，通过丰富多彩的教育实践活动，引导青少年树立正确的价值观念，培养文明行为习惯，为乡村的长远发展奠定坚实的人才基础。

## 五、关注不同层次的教育对象

广大农村地区的阶层结构相对复杂，加上城乡人口流动频繁，因此基层党组织在用社会主义核心价值观引领乡风文明建设时，需要实施精准化、差异化的教育策略，对不同层次的教育对象开展不同的教育，选择不同的教育内容。

当前农民群体主要包括外出务工青壮年、留守老人与妇女以及农村留守儿童三类人群。

### （一）外出务工青壮年

外出务工青壮年是乡村经济发展的重要力量，但也是价值观易受外界影响的群体。因此，基层党组织应通过网络平台、返乡宣讲等形式，重点加强平等竞争、市场规范、诚信经营及法律法规等方面的教育，引导他们在市场经济大潮中保持清醒头脑，成为传递正能量的使者。

### （二）留守老人与妇女

留守老人与妇女是乡村生活的守护者，其价值观念直接影响着乡村的和谐稳定。基层党组织应围绕社会主义核心价值观，深化乡规民约建设，倡导生态文明理念，弘扬家庭孝道文化，同时结合社会主义新农村建设实践，开展形式多样的教育活动，让社会主义核心价值观深入人心。

## 第五章　社会主义核心价值观引领乡风文明建设的路径

### （三）农村留守儿童

农村留守儿童是未来乡村发展的希望，其价值观塑造更是关乎长远。学校应成为社会主义核心价值观教育的主阵地。教师应通过课堂教学、课外活动等方式，让儿童熟记并理解社会主义核心价值观的基本内容。同时，教师应关注留守儿童的心理健康，提供必要的心理辅导与支持，帮助他们树立正确的世界观、人生观、价值观，让他们健康快乐地成长。

### 六、开展实践活动，强化行为认同

用社会主义核心价值观引领乡风文明建设，最终要以实践为落脚点，并不断强化行为认同。基层党组织应当策划道德实践活动，广泛颂扬典范力量，评选并表彰道德模范。在道德实践活动中，基层党组织要深入挖掘并传播那些崇德向善、激励人心的真实故事，用榜样的光辉照亮人心，激发农民的向善之心与进取之志。基层党组织还可以倡导学雷锋与志愿服务新风，以多样化的活动形式，确保雷锋精神深入田间地头、融入社区家庭，通过完善激励政策与法律保障，让雷锋精神与志愿服务在乡村蔚然成风。

乡风文明建设可依托文明村镇、街道、家庭等系列创建活动，构建全方位的精神文明建设体系，引导农民摒弃陈规陋习，拥抱文明新风，树立勤俭节约、积极向上的生活态度。在这样的氛围下，农村将绽放出更加绚烂的文明之花，形成人人讲文明、户户树新风的良好局面。

乡风文明建设作用机制及实践路径研究

# 第四节 案例：以社会主义核心价值观服务"三农"

习近平在中共中央政治局第十三次集体学习时强调，把培育和弘扬社会主义核心价值观作为凝魂聚气、强基固本的基础工程。北京市平谷区积极响应党中央号召，在享有盛誉的大桃生产重镇——刘家店镇率先开展了以"诚信村、厚德果、幸福人"为主题的系列创建活动，并成功地将这一模式推广至更广泛的区域。该活动巧妙地将社会主义核心价值观的宣传教育融入服务"三农"的实践中，鼓励当地农民以匠心种桃，以诚信卖桃，以诚信致富，这一举措不仅有效促进了农民的增收致富，还让社会主义核心价值观深深扎根，绽放出绚丽的花朵，结出了丰硕的果实。

## 一、精准定位农业发展新引擎：以诚信重塑大桃市场

北京市平谷区是全国闻名的大桃之乡，有着得天独厚的资源优势。如今，大桃产业不仅是该区的经济命脉，还是弘扬社会正能量、塑造农民精神风貌的土壤。

面对食品安全问题的严峻挑战，平谷区深刻认识到"品质为王，诚信为先"的道理，将诚信建设作为大桃产业发展的核心切入点，将刘家店镇的寅洞村作为重点实验基地。寅洞村，一个曾因缺乏诚信而陷入无诚信、无市场、无收入的"三无村"，通过实施"诚信村、厚德果、幸福人"的创建活动，建立起"一规四线五把金钥匙"的诚信体系，完善桃农在生产、管理和销售等各个环节的诚信标准，完成了华丽转身。

寅洞村的转变始于一个简单而坚定的口头约定。当外地商户张某与

桃农邢某达成收桃协议后,面对市场价格的持续走高,邢某坚守诚信,拒绝诱惑,按约定价交付了全部桃子。这一行为不仅赢得了张某的尊重与信任,还在全村范围内激起了强烈的共鸣,激发了农民对诚信价值的重新认识。正是邢某的诚信举动,之后张某每年不间断地从邢某处收桃,不验货直接拉走。从此,寅洞村成为诚信的代名词,吸引了更多的商户前来合作,大桃市场也因此焕发了新的生机。

为了进一步弘扬诚信精神,平谷区刘家店镇创新性地开展了果农"诚信之星"评选活动,通过严格的标准和公正的程序,选出了包括寅洞村和行宫村在内的两名诚信代表。这一活动不仅树立了诚信榜样,还在全镇范围内营造了崇尚诚信、信守承诺的良好风尚,为提升乡风文明水平、促进农民增收致富奠定了坚实的基础。

如今,刘家店镇的大桃产业已成为诚信与品质的代名词,吸引了国内外众多消费者。而平谷区则通过这一系列举措,不仅赢回了大桃市场的辉煌,还在农民心中种下了诚信的种子,让社会主义核心价值观在广袤的田野上生根发芽、开花结果。

## 二、根植农村实际,以乡土文化为桥梁弘扬社会主义核心价值观

弘扬社会主义核心价值观需深深扎根于中华优秀传统文化之中。平谷区作为首都的生态涵养宝地,拥有273个行政村,其深厚的农耕文化根基,让亲缘、血缘、地缘成为维系农村社会的坚韧纽带,赋予了平谷果农淳朴厚道的独特品质。

### (一)以宣讲弘扬诚信

结合农村实际,平谷区创新性地采取了"自上而下抓策划,自下而上抓队伍"的策略,组建了"诚信村、厚德果、幸福人"主题宣讲团。这一团队深入田间地头,开展"桃核是心做的"百姓宣讲;利用桃花大舞台、村委会大院、智能广播等渠道,甚至在农忙时节开设了别开生面

乡风文明建设作用机制及实践路径研究

的"夜场"宣讲,通过口口相传的方式,用贴近生活的语言,将诚信与厚德的种子播撒在每一位村民的心田。

随着时间的推移,宣讲活动如同滚雪球般发展壮大,最初的几位宣讲员逐渐发展成覆盖镇、村、家庭三级的庞大宣讲网络。村民从被动的听众转变为积极的宣讲员、辅导员、组织员和形象大使,形成了近200人的农民宣讲队伍。这一转变不仅壮大了宣讲力量,还让诚信的价值观念在村民心中生根发芽,成为他们珍视大桃品牌、维护市场声誉的自觉行动。在此基础上,平谷区的桃农们自发形成了对采购商的"三不卖"承诺:优良果品分级明确,决不混卖;成熟度未达到标准,决不抢卖;一旦与买家达成口头协议,即便遇到更高价格,也决不转卖。这一承诺不仅彰显了平谷桃农的诚信品质,也赢得了市场的广泛赞誉。

刘家店镇的成功经验迅速传到周边乡镇,大华山、王辛庄、镇罗营等地纷纷过来取经,积极探索如何借助深厚的乡土文化底蕴,搭建起弘扬社会主义核心价值观的坚实桥梁,共建以诚信为核心的农村发展新格局。在这一过程中,各村、各镇之间构建起紧密的网络,使得诚信与道德的共识在平谷乃至平谷之外的广大乡村生根发芽,诚信为人、诚信做事,为乡村振兴战略注入不竭的精神源泉。

刘家店镇开展了以"诚信厚德"为主旋律的"最美诚信人"百姓宣讲活动。来自该镇的7位百姓宣讲员,化身为诚信故事的传播者,以真挚的情感、生动的语言,讲述发生在他们周围的诚实守信、勤勉敬业、乐于奉献、带领乡亲共奔富裕的感人故事。这些故事不仅展现了刘家店镇在打造"诚信村、厚德果、幸福人"品牌过程中的不懈追求,还将个人的梦想融入国家富强的伟大征程之中,展现了中华儿女为实现中华民族伟大复兴的中国梦而持续奋斗的精神风貌。此次活动共举办了8场,每一场都传递出满满的正能量,赢得了广泛赞誉。与此同时,刘家店镇组织机关干部深入学习"果办精神",即那种牢记使命、心系群众,将果农利益放在首位,全心全意服务果农,与果农同呼吸、共命运的崇高精神。区果办的"真情为民,实干创新"理念,成为党员干部们争相效仿的标杆。作为果品生产的专业重镇，刘家店镇致力于将诚信与厚德的精神深植于大桃产业的每一个环节——从种植到管理，再到销售，每一个环节都力求以道德为引领，以科学为支撑，打造出具有鲜明诚信标签的果品品牌，以此带动村民增收致富，让幸福的笑容绽放在每一位果农的脸上。

### （二）以文化赋能产业新高度

为了宣传乡土文化，挖掘大桃文化内涵，刘家店镇通过农业与文旅的深度融合，不仅为乡村振兴注入新的活力，还成功地将平谷大桃的文化内涵推向了新的高度。文创桃贴的研发成功，标志着刘家店镇在农产品品牌塑造和文化创意产业上的重大突破。这一创新不仅提升了平谷大桃的附加值，还让每一颗桃子都成为传递文化与祝福的使者。高达90%以上的制作成功率，确保了文创桃贴的稳定供应，满足了市场对个性化、高品质农产品的需求。同时，国家发明专利的获得，更是对刘家店镇创新能力的肯定，为其未来的发展奠定了坚实的基础。

第九届丫髻山蟠桃盛会不仅是一场味觉与视觉的盛宴，还是平谷大桃文化推广的重要平台。会上发布的"丫髻福桃"系列活动，以及"福地丫髻山"小程序的上线，不仅为消费者提供了便捷的购买渠道，还通过线上线下的互动，增强了消费者对平谷大桃品牌的认知度和忠诚度。[1]

为抓住暑期旅游旺季的机遇，刘家店镇推出的"买丫髻山门票赠福桃"暑期限定优惠，无疑为游客带来了双重惊喜。这一举措不仅促进了旅游消费，还进一步提升了丫髻山景区的知名度和影响力。同时，景区开园时间的提前，更是体现了刘家店镇对游客需求的细心考量，让游客能够有更充足的时间欣赏丫髻山的美丽风光，感受其深厚的历史文化底蕴。

---

[1] 郭颖庭：《北京平谷刘家店镇举办第九届丫髻山蟠桃盛会》，https://item.btime.com/410qeg6vinr8sjr0356b3pkmpie?page=1，访问日期：2024年8月15日。

### 三、聚焦农民生活的热点：以桃之品质映照人格之美

要让社会主义核心价值观深入人心，关键在于将其融入民众的日常生活，成为人们行动的指南。平谷区生活着 21 万农民，其中 10 万是果农，他们是推动社会主义核心价值观在乡村落地生根的重要力量。

农民最为关切的是如何让利益最大化，刘家店镇在"诚信村、厚德果、幸福人"的创建实践中，巧妙地将诚信文化融入大桃产业，让农民在增收致富的同时感受到诚信的力量。刘家店镇不断提升大桃品质，确保每一颗果实都是精品、安全、厚德的代表，果农不仅赢得了市场的青睐，精品大桃的价格更是高出市场价很多，却依旧供不应求。这种"桃品折射人品"的理念，不仅成为果农的生意经，还内化为他们心中的道德准则，指引他们诚信经营。

为了进一步强化诚信建设，刘家店镇以寅洞村、行宫村为先行者，广泛征集各方意见，制定了包括"分量实在，厚道为先"在内的《果农诚信公约》以及涵盖生产、销售、社会管理等多方面的《果农诚信之星评选细则》。这些细则的严格执行，不仅促进了大桃产业的健康发展，还在农民中树立了诚信的典范。"诚信之星"的出现，不仅为果农个人带来了荣誉与收益，还为整个平谷区的大桃产业树立了标杆。

有数据显示，尽管外部环境充满挑战，但刘家店镇的桃农实现了收入的稳步增长，这一方面得益于市场需求的增加，另一方面得益于消费者对于高品质农产品的新需求——同等品质的平谷大桃市场平均单价相较于 2019 年前显著提升了约 0.8 元。更明显的是，通过电商渠道销售的大桃，其平均单价更是市场价格的 1.5 倍，这彰显了电商模式在提升农产品附加值方面的巨大潜力。

2022 年，刘家店镇迎来了一次前所未有的宣传与销售——某直播平台在此地举办了首场户外直播，并特别为当地"诚信桃"设立了专场。这场直播活动不仅极大地提升了刘家店镇大桃的知名度，还创造了令人瞩目的销售佳绩：短短 7 分钟内，就有 10868 箱大桃被抢购一空，这一

销售记录不仅展现了消费者对刘家店镇大桃的高度认可,也为当地桃农带来了实实在在的收益。此外,随着互联网的普及和消费者购物习惯的改变,刘家店镇的桃农积极拥抱数字时代,利用微信、淘宝等网络平台拓展销售渠道。这些举措不仅让大桃的销售范围更加广泛,还使得成交量相比往年有了显著提升,增幅达到了约20%。这一成绩不仅证明了电商销售模式的有效性,也为刘家店镇农业与互联网深度融合的未来发展之路奠定了坚实的基础。① 这一成绩的取得,正是平谷区将社会主义核心价值观与农村实际紧密结合,以农业优势为依托,融入农民生产生活、农村文化建设和社会管理的生动体现。

因此,在平谷乃至更广泛的农村地区,培育和践行社会主义核心价值观必须紧密结合"三农"实际,让社会主义核心价值观成为指导农民生产生活的强大精神力量,使其在服务"三农"的过程中绽放出更加绚丽的光彩。

---

① 张硕、赵曼:《平谷区刘家店镇:十年磨一"金"诚信体系建设深入人心》,https://baijiahao.baidu.com/s?id=1767935869344194011&wfr=spider&for=pc,访问日期:2024年8月15日。

# 第六章 非物质文化遗产助力乡风文明建设路径

非物质文化遗产是民族记忆与智慧的结晶，蕴含着丰富的历史信息与文化价值，是乡村文化的重要组成部分。非物质文化遗产与乡风文明建设存在内在联系，挖掘、传承与创新非物质文化遗产，对丰富乡风文明内涵、增强乡村文化自信有积极的意义，同时能为乡村振兴注入独特的文化魅力与活力。

## 第一节 非物质文化遗产概述

在人类历史发展长河中，非物质文化遗产犹如一颗璀璨的明珠，根植于民族记忆的深处，闪耀着独特的光芒。它们不仅仅是技艺、习俗、信仰等具象化的表现形式，还是民族历史、文化、精神的传承与延续。因此，深入挖掘非物质文化遗产有着积极的意义。

# 第六章 非物质文化遗产助力乡风文明建设路径

## 一、非物质文化遗产的概念

### （一）《保护非物质文化遗产公约》关于非物质文化遗产的定义

2003年10月17日，联合国教科文组织在巴黎举行的会议上通过了具有里程碑意义的《保护非物质文化遗产公约》。该公约对非物质文化遗产进行了明确界定，为人们理解和保护这一宝贵文化遗产提供了重要依据。

该公约认为，非物质文化遗产是指被各社区、群体，有时是个人，视为其文化遗产组成部分的各种社会实践、观念表述、表现形式、知识、技能以及相关的工具、实物、手工艺品和文化场所。这种非物质文化遗产世代相传，在各社区和群体适应周围环境以及与自然和历史的互动中，被不断地再创造，为这些社区和群体提供认同感和持续感，从而增强对文化多样性和人类创造力的尊重。在本公约中，需充分考虑符合现有的国际人权文件及各社区、群体和个人之间相互尊重的需要并顺应可持续发展的非物质文化遗产。[①]

在这一概念中，"非物质性"与人们日常生活所需要的物质生产是相对的，主要是满足人们物质之外的精神生活需求。但非物质性并不是完全与物质绝缘，而是侧重于以非物质形态存在于精神领域之中。这里的非物质文化遗产涵盖诸多方面：丰富多彩的口头传诵及其独特的表现形式；各具特色的表演艺术；社会实践、仪式和节庆活动；关于自然界和宇宙的知识与实践，以及匠心独运的传统手工艺。

### （二）《国家级非物质文化遗产代表作申报评定暂行办法》对非物质文化遗产的定义

2005年，《国家级非物质文化遗产代表作申报评定暂行办法》出台，

---

[①] UNESCO UNESDOC 数字图书馆：《保护非物质文化遗产公约》，https://unesdoc.unesco.org/ark:/48223/pf0000132540_chi，访问日期：2024年8月15日。

该办法对非物质文化遗产的定义如下。

非物质文化遗产指各族人民世代相承的、与群众生活密切相关的各种传统文化表现形式（如民俗活动、表演艺术、传统知识和技能，以及与之相关的器具、实物、手工制品等）和文化空间。

非物质文化遗产可细分为两大类别：一类是传统的文化展现形式，诸如民俗活动、表演艺术，以及世代相传的知识与技艺等；另一类是文化空间，即那些定期举办传统文化活动或集中展示传统文化表现形式的特定场所，它们既具有空间上的独特性，又蕴含着时间上的传承性。

非物质文化遗产的涵盖范围广泛，包括口头传统（包括作为文化载体的语言）、传统表演艺术、民俗活动、礼仪节庆、关于自然界和宇宙的民间传统知识与实践、传统手工艺技能，以及与这些表现形式紧密相连的文化空间。

### （三）《中华人民共和国非物质文化遗产法》对非物质文化遗产的定义

2011年，《中华人民共和国非物质文化遗产法》颁布实施。该法所称非物质文化遗产，是指各族人民世代相传并视为其文化遗产组成部分的各种传统文化表现形式，以及与传统文化表现形式相关的实物和场所，包括传统口头文学以及作为其载体的语言；传统美术、书法、音乐、舞蹈、戏剧、曲艺和杂技；传统技艺、医药和历法；传统礼仪、节庆等民俗；传统体育和游艺；其他非物质文化遗产。

属于非物质文化遗产组成部分的实物和场所，凡属文物的，适用《中华人民共和国文物保护法》的有关规定。[①]

## 二、非物质文化遗产的分类

我国的非物质文化遗产被划分为十大门类，其中五个门类的名称经

---

① 王文章主编《中国非物质文化遗产大辞典》，崇文书局2022年版，第76页。

## 第六章 非物质文化遗产助力乡风文明建设路径

过调整一直沿用至今。这十大门类包括民间文学，传统音乐，传统舞蹈，传统戏剧，曲艺，传统体育、游艺与杂技，传统美术，传统技艺，传统医药，民俗，如表6-1所示。

表6-1 非物质文化遗产分类及示例

| 序号 | 分类 | 定义 | 示例 |
|---|---|---|---|
| 1 | 民间文学 | 指民众在文化生活与日常生活中，口耳相传、共同享用的丰富多彩的口头传统与语辞艺术。这些文化瑰宝从文类上划分，涵盖了神话、民间传说、民间故事、民间歌谣、民间叙事、民间小戏、说唱文学、谚语、谜语、曲艺等 | 《梁山伯与祝英台》《玛纳斯》《牛郎织女》等 |
| 2 | 传统音乐 | 是各族人民在长期社会生活过程中集体创造出来的一种广泛流传于民间和上层社会、深受人们喜爱的传统的音乐艺术表现形式 | 古琴艺术、蒙古族长调民歌等 |
| 3 | 传统舞蹈 | 是以人的肢体语言为载体，表达人们的生存方式、历史文化心态、风俗习惯和民族性格的舞蹈 | 秧歌、朝鲜族农乐舞等 |
| 4 | 传统戏剧 | 指中国各地域、各民族人民创造的传统戏曲艺术，是以语言、动作、舞蹈、音乐、木偶等形式达到叙事目的的舞台表演艺术 | 京剧、莆仙戏、越剧、黄梅戏、评剧、豫剧等 |
| 5 | 曲艺 | 是中华民族各种说唱艺术的统称，它是由民间口头文学和歌唱艺术经过长期发展演变形成的一种独特的艺术形式 | 苏州评弹、山东大鼓等 |
| 6 | 传统体育、游艺与杂技 | 是数千年来中华民族健体强身、娱情遣兴的文化生活不可或缺的部分，具有广泛的社会基础 | 少林功夫、太极拳、摔跤、围棋、抖空竹等 |
| 7 | 传统美术 | 是以美化环境、丰富民间风俗活动为目的，在日常生活中应用、流行的有关美的艺术 | 中国剪纸、杨柳青木版年画等 |
| 8 | 传统技艺 | 指有着悠久文化历史背景的技术、技能，并必须经过一定的深入研究学习才能掌握 | 龙泉青瓷烧制技艺、土家族织锦技艺、珠绣、唐卡艺术、剪纸、年画、刺绣、陶艺、皮影、变脸、木雕、舞龙等 |

89

续 表

| 序号 | 分类 | 定义 | 示例 |
|---|---|---|---|
| 9 | 传统医药 | 指历史上流传下来的医药知识或医学体系 | 中医生命与疾病认知方法、中药炮制技术、藏医药浴法等 |
| 10 | 民俗 | 即民间风俗,指一个国家或民族中广大民众所创造、享用和传承的生活文化,包括信仰习俗、传统节日、服饰习俗、饮食习俗、居住习俗等 | 春节、妈祖祭典、径山茶宴等 |

## 三、非物质文化遗产的基本特征

非物质文化遗产的基本特征主要表现在以下几个方面,如图6-1所示。

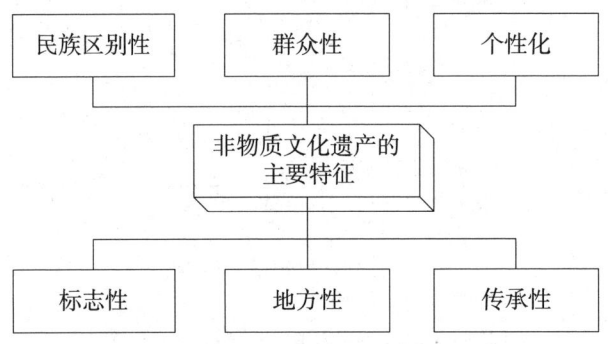

图6-1 非物质文化遗产的主要特征

### (一)民族区别性

所谓民族区别,指的是同一个民俗事项在不同民族中展现出不同的特点,也指不同的民族产生了不同的民俗事项。例如,远古时期,不同地域、不同的民族产生了不同的图腾崇拜,表现的是人们意识心理上的独特印记。另外,不同的民族创造的文化产品也有着不同的风格,它们经过代代相传,形成了比较稳定的风格,如傣族的泼水节、彝族的火把节等。

## （二）群众性

在集体生活中，人们逐渐塑造出一套约定俗成的行为模式，这一模式既带有鲜明的地域特色，又蕴含着深厚的民族底蕴。它可以跨越族群、民族、社区乃至整个社会的界限，成为共同遵循的文化准则。以中国的传统节日为例，春节、端午节、中秋节等节日不仅深受汉族人民的喜爱，也在各少数民族地区得到了广泛的重视。而在各民族内部，更是有着一套独特的信仰体系、礼仪规范，以及涵盖衣食住行、生老病死等各个方面的习俗传统，这些共同构成了民族文化的丰富画卷，使得非物质文化遗产呈现出广泛的群众性。

## （三）个性化

就非物质文化遗产本身而言，其具有高度的个性化。每个民族在发展过程中形成了与大自然、与社会相处的智慧，这种智慧藏在他们的文化和习俗中。因此，非物质文化遗产作为民族艺术的代表，具有高度的个性化。另外，从文化形成看，有的非物质文化遗产的创造者是个人，其作品在被社会接受之后不断丰富，并形成独具个性的流派。比如，凉山彝族毕摩传承人的史诗演述不仅继承了彝族的诗歌传统，还体现了独特的民间辩论家的精神，呈现出高度的个性化。

## （四）标志性

非物质文化遗产有着明显的外部特征，这就是非物质文化遗产的标志性。一个民族在不同的时期呈现出不同的时代特征，如人际交往中的见面礼仪由鞠躬、握手取代了旧时的叩头跪拜等，不同时期的服饰有着鲜明的时代特征。中国各个民族都有属于他们自己的民族文化、服装等。中国在融入世界的过程中，采用中国结、红灯笼、唐装来彰显自己的特征等。

标志性将自身的特色展现出来，本身就是美的，是值得骄傲自豪的。

中国有 56 个民族，各民族间相互交流、相互影响，创造了不朽的成就和无数的智慧，汇成了灿烂的中华文明。

### （五）地方性

地方性是指非物质文化遗产在空间上或者在地理上呈现出的特征。非物质文化遗产的地方性也可以称为地理性或乡土性。民间俗语"千里不同风，百里不同俗"所表现的就是非物质文化遗产的地方性。无论何种非物质文化遗产，其产生、发展、表现形式都受一定的地域影响。另外，地方性特征还和这一地区的自然资源、社会风尚有着紧密的联系。以民间传说为例，梁山伯与祝英台的故事反映的是江南地区缠绵悱恻的爱情故事；孟姜女哭长城的故事则充斥着凄楚悲凉之感，是对"民不聊生、长城白骨"的控诉。这些都是在特定的地域下产生的，所反映的是当地百姓的审美心理倾向。

### （六）传承性

非物质文化遗产从时间的维度来审视，是一种跨越世代、绵延不绝的文化现象，在其漫长的发展历程中，展现出一种稳健而持续的发展态势。以民俗的发展为例，那些积极向上、符合大众价值观的习俗，因其内在的合理性和吸引力，赢得了广泛的认同与接纳，并得以在代代相传中历久弥新。

除了以上特征之外，非物质文化遗产还具有变异性、传播广泛性、类型多样性等特点，这里不再展开论述。

## 第二节 非物质文化遗产传承与乡风文明建设的契合

乡风文明建设是乡村振兴战略的重要组成部分,要实现乡村振兴,乡风文明是保障。由此可见,乡风文明建设是构建社会主义新农村的重要精神支柱,也是社会主义新农村主流文化与时俱进的客观需求,同时还是乡村振兴的精神动力以及文化保障。非物质文化遗产是乡风文明的根脉,因此乡风文明建设与其有一定的契合性。

### 一、非物质文化遗产传承与乡风文明建设的契合性

#### (一)发展主体上的契合性

非物质文化遗产传承与乡风文明建设在发展主体上有着一致性,这主要表现在以下三点。

1. 以广大农民群众为主体

非物质文化遗产传承与乡风文明建设都是以广大农民群众为主体的文化建设,因此,提升了非物质文化遗产的建设主体,也就提升了乡风文明建设的主体。在推进乡风文明建设的进程中,培育和发展非物质文化遗产的传承主体,即广大农民群众,能够有效激发农民群众的内在动力,不断提升他们的艺术素养和价值观念,从而增强乡风文明建设的主体力量,凝聚多方合力,全面实现乡村振兴。

## 2. 增强主体的文化认同感与自豪感

传承那些代表着乡村文化精髓的非物质文化遗产，在一定程度上可以激发广大农民群众对自身文化的认同感与自豪感，农民群众也能自发地热爱中华优秀传统文化，参与乡风文明建设，这样就促进了乡风文明建设中的文化建设、精神建设等，广大农民群众也增强了文化自信。

## 3. 传承人发挥力量

非物质文化遗产传承人是保持非物质文化遗产完整性、本真性、可持续性的重要纽带。当前，为促进非物质文化遗产的繁荣发展，国家出台了一系列政策，为非物质文化遗产传承人提供有力支持。这些政策有效稳定了乡村中的非物质文化遗产传承人队伍。作为乡村文化精英的重要组成部分，他们积极投身乡风文明建设，成为推动乡村文化振兴的主体力量。

### （二）价值追求上的契合性

厚植于广阔的乡村天地，经过广大农民群众的实践，非物质文化遗产在漫长的岁月中得以孕育。非物质文化遗产产生于乡村，发展于乡村，带有乡村独特的文化价值和文化属性。乡风文明是乡村文明的重要体现，也是乡风文明建设的重中之重。例如，农耕文明深植于"顺应时令、因地制宜、恪守规范、追求和谐"的深厚人文精神与价值追求上；古老的民俗活动与戏曲曲艺中蕴藏着丰富的思想、人文精神以及道德规范，它们如同活化石般传承着民族的智慧与美德；传统节日则是历史的瑰宝，不仅满载着悠久的历史文化精髓，还生动展现了民众对于精神信仰的虔诚、审美情趣的多样、伦理关系的和谐以及消费习惯的独特；而乡村的风土人情、自然景观、地域特色以及民间习俗，则构成了维系乡村社会稳定、促进文明和谐乡村环境建设不可或缺的人文基石。

因此，农村非物质文化遗产所蕴含的乡村精神与文化底蕴，正是乡风文明建设所急需彰显和追求的核心要素。为了深化乡风文明建设，人们应当充分利用非物质文化遗产这一宝贵资源，深入挖掘其中蕴含的思想观念、道德规范以及人文精神，将这些文化精髓融入乡风文明建设之中，为乡风文明筑牢坚实的文化根基。

### （三）活动场域的一致性

非物质文化遗产传承与乡风文明建设在场域上具有一致性。非物质文化遗产是在特定的场域中生成的，这个场域主要集中于广大乡村地区，是乡村珍贵的文化特征，代表着该地区的文化特色及文化内涵。其传承的内容不再局限于知识与技能上的传承，更多的是文化所蕴含的精神、内涵、底蕴的传承，而这些也打造了乡村文化建设的场域。

乡风文明建设是乡村文化建设的目标和结果。乡村文化场域的建立让广大农民群众可以在这一场域中交流、互动，从而形成一套具体的行为规范。村民之间通过相互影响，营造一个良好的氛围，为村民的价值塑造、精神培养、恪守规则等提供保障。在这一场域中，广大农民群众能养成积极的价值取向、良好的人生态度和邻里之间友善的关系。由此，非物质文化遗产传承与乡风文明建设在同一场域中生成了正向的良好风气，如图6-2所示。

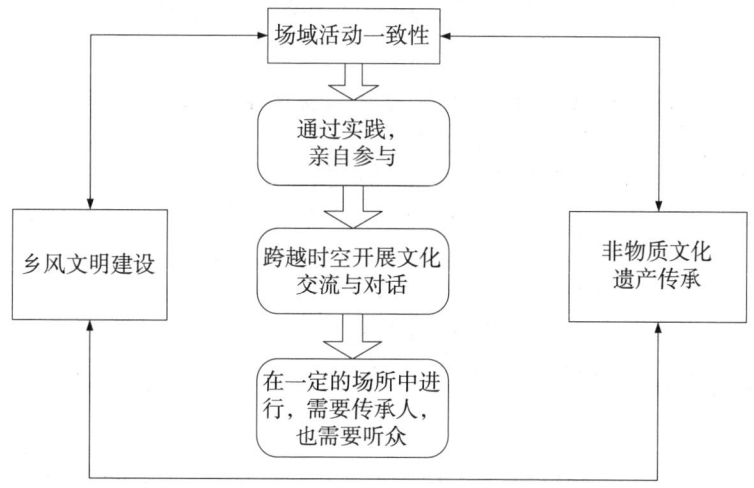

图6-2 非物质文化遗产传承与乡风文明建设活动场域的一致性表现

首先,非物质文化遗产在传承过程中需要人们亲自参与,通过实践不断传承和发展非物质文化遗产,这体现了非物质文化遗产的生活化、广泛性的特征。人们在亲身感受和体验文化的过程中,汲取其内在价值,进而塑造自己的道德信念和价值观念。这些信念和观念汇聚交融,形成了一个崭新的文化场域。这个文化场域如同一片肥沃的土壤,为乡风文明建设提供了稳定而持久的环境支撑。

其次,非物质文化遗产的传承独具特色,其在代代相传的过程中,为人们开辟了一个广阔的文化交流与创新的空间。不同时代的人们通过学习这些非物质文化遗产,得以跨越时空的界限,进行文化的交流与对话。这种独特的传承方式激活了文化本身,为其创新与发展提供了条件。得到激活的文化能创造出更多的文化样式,实现文化创新与发展,这对广大乡村地区来说无疑是有利的。

最后,非物质文化遗产的传承需要在一定的场所中进行,这体现了非物质文化遗产的空间性和时间性,在这个场域中不仅有非物质文化遗产的传承人,也有受众,还有除人以外的场所和介质,这些是乡风文明建设的重要内容,也是乡风文明建设的重要文化资源。

## 二、非物质文化遗产传承对乡风文明建设的促进

### (一)非物质文化遗产传承为百姓提供精神上的寄托

乡村文化作为乡村生生不息、持续发展的灵魂所在,其核心在于那些凝聚着乡村独特韵味的非物质文化遗产。这些遗产是乡村文化的直观展现,承载着乡村的深厚底蕴。要推进乡风文明建设,就必须深入挖掘非物质文化遗产中所蕴含的宝贵思想、先进理念、崇高精神和行为规范,还需紧密结合时代的需求,在传承的基础上对这些文化瑰宝进行创新性转化。非物质文化遗产的创造性转化使得乡风文明焕发出时代特征,不仅可以凝聚人心,还能教化民众、净化民风。因此,新农村建设应当划定乡村的历史文化保护范围,保护好当地的物质文化遗产和非物质文

遗产，要注重文化遗产对广大农民群众的影响，尤其是非物质文化遗产精神方面的传承，让历史记忆、民族特点、地域特色融入乡风文明建设，从而建设美丽乡村。

### （二）非物质文化遗产传承重塑乡村的文化生态

非物质文化遗产源自民间，是乡村历史真实而生动的见证。充分发掘并利用好这一宝贵资源，对于重塑乡村的文化生态具有深远意义，它将为乡村经济与文化的可持续发展注入强劲动力。非物质文化遗产蕴藏着中华民族独有的精神特质、思想观念和思维方式，是我国人民文化身份与文化主权的重要体现。它不仅是乡村社会永恒的文化印记，还是中华民族生生不息、发展壮大的源泉所在。

乡村文化生态重塑，是打造宜居环境、守护绿水青山、推进现代农业建设的必由之路。乡村文化所蕴含的独特符号与丰富资源，为乡村走特色化、差异化发展道路提供了坚实基础。非物质文化遗产以其真实性、整体性和传承性，展现了文化的深厚底蕴。深入挖掘非物质文化遗产，不仅有助于增强中华民族的文化认同感，还能促进乡村社会的和谐与进步，让乡村焕发出新的生机与活力。

非物质文化遗产根植于乡村深厚的文化土壤，是民间艺术的精华，也是广大农民群众喜爱的、感到亲切的艺术。发展非物质文化遗产，能焕发中华民族由内而外的活力，乡风文明建设需要这样的艺术去激活乡村的活力，以实现乡村的全面振兴。

## 三、乡风文明建设促进非物质文化遗产的保护与传承

乡风文明建设的重点是社会主义新农村的文化建设，而文化建设又以吸收和扬弃传统文化为基础，着重创新和发展传统文化。而非物质文化遗产保护与传承的重点就是让中华优秀传统文化得以继承和发展。

乡风文明建设的一个重要方面就是文化的继承与创新，而非物质文化遗产保护又是新农村文化建设的重要组成部分，为非物质文化遗产的

传承与创新提供了条件。在乡风文明建设过程中，人们需要坚持"古为今用"的原则，对中国传统文化进行创新，留住中华民族的文化之根，并以符合时代的活态的形式保护国家宝贵的文化资源。

当前，全球化趋势不断加强，这一潮流带来的是文化与文化间的频繁交流与碰撞，而民族传统文化的根基自然也受到一定冲击，广大乡村地区的非物质文化遗产面临着严峻的问题——如果不加以保护，将面临消失的后果。要从根本上解决这一问题，就需要将非物质文化遗产的保护与利用纳入乡风文明建设之中，纳入社会主义新农村文化建设之中。对于政府来说，首先需要将非物质文化遗产保护相关内容纳入工作范畴，给予政策上的支持；其次，需要加大乡风文明建设的资金投入，设立专项资金进行农村文化方面的建设，以确保农村重点文化项目的顺利开展；最后，需要提升乡村文化队伍的整体素质，培育农村文化骨干，促进非物质文化遗产保护基地的建设。总而言之，乡风文明建设为非物质文化遗产的保护提供了支持，促进了非物质文化遗产保护工作向前推进。

非物质文化遗产是中华优秀传统文化的代表之一，其中凝聚了很多代表中华民族文化内蕴的"基因密码"，包括自强不息的精神追求、厚德载物的内涵追求等，它是建设乡风文明、发展先进文化的基础，也是建设中华民族精神家园的重要支撑。在乡风文明建设过程中，人们需要不断挖掘非物质文化遗产背后蕴含的人类宝贵的文化思想价值。因为保护和传承非物质文化遗产在一定程度上发挥了文化引领风尚、服务社会、教育人民的作用，很好地提升了农民的整体素质，也为新农村建设培养了生力军。只有树立起高度的文化自觉和文化自信，才能从传统文化中汲取养分，为乡风文明建设提供思想基础和智力支持，才能提升农民的整体素质，进而为乡村全面振兴贡献力量。

## 第三节 非物质文化遗产助力乡风文明建设的策略

乡风文明作为广大乡村地区精神文明构建的关键，对乡村的文明气象、乡村振兴的深入推进以及农业农村现代化的实现起着至关重要的作用。乡村非物质文化遗产，是乡村文化深邃底蕴的体现，与农民的文化生活息息相关，承载着跨越时空的共同价值观念与丰富的人文精神。非物质文化遗产不仅是历史的见证，还是乡村社会独特性的体现，蕴含着世代相传的智慧与情感。它们所传递的普遍真理、基本道德和持久信念，为农村精神文明建设提供了宝贵的思想资源与文化滋养。基于此，乡风文明建设需要深入挖掘并传承乡村非物质文化遗产，这对于提升农村精神文明水平、促进乡村社会的和谐共生具有不可估量的价值。

非物质文化遗产助力乡风文明建设主要从以下几个方面予以体现。

### 一、将非物质文化遗产要素融于乡风文明建设中

乡村非物质文化遗产源自乡村大地，是乡村民众集体智慧的结晶，深深根植于中华民族的精神沃土之中，彰显了中华民族独有的思维方式和精神价值追求。乡村非物质文化遗产以民间文学、音乐舞蹈、戏剧曲艺、杂技美术、手工技艺、医药知识等多种形式流传于世，成为乡村文化生态中不可或缺的灵魂，也是乡村主流文化的鲜明标识。其中，传统技艺以精湛的手法和独特的美学魅力展现着乡村民众的智慧与创造力；音乐和舞蹈不仅是乡村民众的娱乐方式，还是社群身份的确认和情感的抒发，与宗教仪式、节日庆典等社会文化生活紧密相连，共同组成乡村的文化图谱。口述传统与口头文学承载着社群的历史记忆、道德观念和

价值取向，是文化传承的血脉和纽带。各类社会仪式与生产实践活动，如喜宴婚礼、葬礼祭祀、农耕渔猎等，是乡村礼仪规范、信仰体系和行为准则的生动体现。此外，方言作为乡村日常交流的工具，更是社群历史、智慧和价值观的活态传承，共同构建了乡村文化的多元风貌。

这启示人们在推进乡风文明建设的征程中，应深刻认识非物质文化遗产的独特魅力和重要作用，将其视为宝贵的文化资源加以深入挖掘和充分利用。各地要系统梳理和提炼非物质文化遗产中的优秀文化元素，将其融入乡风文明建设之中，以丰富其文化内涵，引领乡村主流文化的发展方向，提升乡村社会的精神风貌。举办非遗文化节、开设非遗传承课堂、将非遗元素融入乡村景观和公共设施设计等多种方式，可以让非物质文化遗产在乡村社会中焕发新的生命活力，为乡村的和谐稳定与可持续发展提供坚实的文化根基和精神动力。

## 二、强化非物质文化遗产传承人队伍，以夯实乡风文明建设的人才基石

非物质文化遗产传承人是非物质文化遗产保护的主要群体，他们是传统文化底蕴的守护者，同时也是技艺精湛的工匠，掌握着传承和保护非物质文化遗产所必需的技艺、知识与智慧。在我国，传承人根据他们所擅长的传统技艺领域，可细分为传统技艺传承人、非物质文化遗产研究学者，以及积极参与非物质文化遗产保护工作的组织成员等。这些传承人各有所长，共同为传承和弘扬中华优秀传统文化贡献着力量。

非物质文化遗产传承人在非物质文化传承与发展中起着核心作用，当前急需通过一系列综合措施来稳固并壮大这一队伍。政府部门可以制定并实施有利于传承人发展的政策体系，设立激励机制以表彰他们的卓越贡献，提升他们的社会认可度和荣誉感；提供必要的资金支持，帮助他们克服传承过程中的经济困难；完善传承人认定机制，确保每一位致力于非遗传承的个体都能得到应有的认可与支持。另外，政府部门还可以通过改善待遇、创造良好工作环境等措施，吸引并留住更多传承人扎

根乡村，使他们成为乡风文明建设的中坚力量。

乡风文明是乡村文化繁荣的生动展现，其建设离不开一支高素质、专业化的人才队伍。加强非物质文化遗产传承人队伍建设，不仅能直接促进非遗技艺与文化的有效传承与创新发展，还能为乡风文明建设提供坚实的人才保障。不断提升传承人的文化素养、创新能力及社会责任感，能确保乡村文化在传承中发展、在发展中创新，最终实现乡村文化的可持续发展与全面繁荣。

### 三、协同非物质文化遗产传承，共建乡风文明新篇章

非物质文化遗产的传承是一条独具特色的文化发展路径，它不仅丰富了乡村的文化资源库，使得乡村文化更加多姿多彩，而且有效地激发了乡村文化的内在潜力，让乡村文化焕发出勃勃生机。非物质文化遗产的传承与乡风文明建设紧密相连，相互促进。非物质文化遗产的传承为乡风文明建设提供了丰富的文化滋养，乡风文明建设的推进又为非物质文化遗产的传承创造了更加有利的环境和条件，二者协同发展，共同谱写乡风文明的新篇章。

#### （一）独特的参与机制

非物质文化遗产的传承有丰富多样的传承方式，如家庭或家族传承、师徒传承以及社会传承等。这些传承方式如同一座座桥梁，将传统技艺的专家、各类文化机构以及广大的乡村居民紧密地联系在一起，编织成一张非物质文化遗产保护与传承之网。家庭或家族传承让非物质文化遗产在血脉中流淌，代代相传，保留了文化的纯粹与深厚。师徒传承是一种技艺与精神的接力，师傅倾囊相授，徒弟潜心学习，使得传统技艺得以延续并发扬光大。社会传承更加广泛地将非物质文化遗产融入社会生活，让更多的人有机会接触、了解和热爱这些宝贵的文化遗产。这种独特的参与机制，不仅有效地促进了非物质文化遗产的保护与传承，还无形中激发了乡村居民对自身文化的认同感和归属感。他们开始更加珍视

自己的文化传统，愿意主动参与非物质文化遗产的传承，共同守护这份宝贵的文化遗产，如此，一种共建共享的文化生态逐渐形成。在这种生态中，每个人都是自己文化的传承者和守护者，他们相互学习、相互交流，共同推动非物质文化遗产的繁荣发展，凝聚起推动乡风文明建设的强大力量。

### （二）独特的文化场域

从非物质文化遗产的传承空间上看，乡村非物质文化遗产是乡村文化的具体体现，其产生与发展根植于乡村这片沃土，并在长期的历史积淀中形成了独特的文化场域。这种文化场域不仅促进了非物质文化遗产的产生与发展，而且是乡风文明建设不可或缺的稳固基石。因此，可以说非物质文化遗产的传承与乡风文明的建设相得益彰，共同书写着乡村文化的新篇章。

### （三）源源不断的文化滋养

非物质文化遗产的传承实践从本质上说，是对中华优秀传统文化的继承与发展。这一传承实践的过程，让乡村文化焕发出新的生机与活力，也为乡风文明建设提供了源源不断的文化滋养。深入挖掘和弘扬非物质文化遗产中的积极元素，能更好地激活乡村文化的内在潜能，为乡风文明建设打下深厚的文化根基，并注入强大的精神动力。

因此，我国应积极促进非物质文化遗产的传承工作，充分利用其独特的文化资源和传承机制，为乡风文明建设创造更加有利的条件。通过不断丰富乡风文明建设的形式与内容，我国可以持续推动乡村文化的繁荣发展，共同构建一个和谐、文明、繁荣的乡村社会。

## 第四节　案例：体育非物质文化遗产助力乡风文明建设

体育非物质文化遗产是非物质文化遗产的重要组成部分，对乡风文明建设有实际的作用。本节将探讨体育非物质文化遗产作为乡村文化振兴的重要驱动力，在乡风文明建设中发挥的积极作用。

### 一、体育非物质文化遗产

#### （一）体育非物质文化遗产的定义

体育非物质文化遗产，作为我国非物质文化遗产宝库中的重要组成部分，承载着丰富的文化内涵和民族智慧。它不仅仅指某些群体或个人的运动技能与技艺，更是在这些技艺与技能实践中所运用的器械、实物以及空间场所的综合体。体育非遗是人类文化生活中孕育出的传统体育文化资源，它融合了运动竞赛的程序、器械制作的工艺，以及与各民族社会特征、经济生活、宗教仪式、风俗习惯紧密相连的传统文化现象。体育非遗是一种活生生的、流传于民间的"活态人文遗产"。它不仅是历史的见证，还是当下文化多样性的生动展现。然而，在现代经济、科技及文化的快速变迁中，体育非遗面临着被异化和同化的风险。为了守护这份宝贵的文化遗产，人们必须高度重视对其发展的文化背景和生存形态的保护。保护体育非遗的首要任务是提高认识，要深刻认识到它在民族文化中的重要性和独特价值。同时，我国需要设立和制定一系列科学有效的传承保护机制和措施。这些机制和措施一方面应该保障体育非遗的原真性，另一方面能够促进其在现代社会中的活态传承和发展。

## （二）体育非物质文化遗产的价值

体育非物质文化遗产是人类文明的重要成果，也是中华优秀传统文化的具体体现。体育非物质文化遗产本身有着很多的价值，积极开发体育非物质文化遗产可以促进我国民族文化认同，促进文化软实力的提升。体育非物质文化遗产的价值如表 6-2 所示。

表 6-2　体育非物质文化遗产的价值

| 序　号 | 具体价值 | 价值内容 |
| --- | --- | --- |
| 1 | 健康价值 | 体育非物质文化遗产具有促进人们身心健康的功能与价值，这是其最核心的价值 |
| 2 | 娱乐价值 | 参与体育非物质文化遗产活动，可以进行情感的抒发，释放内心的正能量，提升自信，获得乐趣 |
| 3 | 历史价值 | 体育非物质文化遗产作为民族文化发展轨迹的生动展现，深刻烙印着不同历史时期的社会风貌与文化特征。它们不仅是民族文化记忆的载体，还是历史发展进程的忠实见证者，为后世提供了研究民族文化演变和社会变迁的重要历史资料与视角 |
| 4 | 体育价值 | 相关体育项目成为现代人追求健康生活方式的重要选择，不仅具有显著的健身效果，能够促进身体素质的提升，还蕴含丰富的休闲娱乐功能，满足人们多样化的体育需求，有效推动全民健身运动的深入发展 |
| 5 | 文化价值 | 一些体育非物质文化遗产与历史事件、历史阶段及历史人物紧密相连，是民族文化多样性的具体体现。它们承载着丰富的文化内涵，是历史发展的直观证物，对于深入研究民族文化传统、历史演变规律具有不可估量的文化价值 |
| 6 | 教育价值 | 体育非物质文化遗产蕴含着深厚的历史文化知识、科学原理，具有独特的艺术表现形式，是开展文化教育、传承民族文化的重要资源 |
| 7 | 经济价值 | 体育非物质文化遗产以其独特的文化魅力、丰富的表现形式和深刻的体验价值，为地方旅游业的发展注入新的活力。同时，合理开发与利用这些项目资源，还能够带动相关产业的发展，促进地方经济的繁荣与增长，展现出显著的经济价值 |

## （三）体育非物质文化遗产的特征

体育非物质文化遗产作为非物质文化遗产的一部分，有着鲜明的特征，表现为以下几点，如图 6-3 所示。

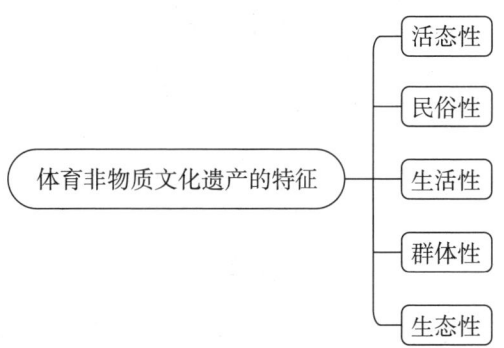

图 6-3　体育非物质文化遗产的特征

### 1. 体育非物质文化遗产的活态性

参与主体、表现形式、内容内涵是体育非物质文化遗产活态性的三种表现形式。

从传承主体的维度来观察，体育非物质文化遗产的精髓凝结在特定民族或群体上，深深烙印在他们的历史与文化之中。其传承与保护工作绝非外界所能替代，必须依赖并激发体育非物质文化遗产传承主体的内在动力与参与热情。

在表现形式上，体育非物质文化遗产既保持着自身独有的特色与魅力，又不断吸纳现代体育的元素与文化精髓，展现出一种开放包容、兼容并蓄的姿态。这种融合与创新让体育非物质文化遗产在新时代焕发出新的生机与活力。

从内容内涵的层面来剖析，体育非物质文化遗产所承载的不仅仅是某一民族或群体的体育技艺与知识，更是他们深厚的民族文化底蕴、坚韧的民族精神以及崇高的理想信念。这些内涵是体育非物质文化遗产最为宝贵的价值所在，也是需要人们珍视与传承的精髓。

2. 体育非物质文化遗产的民俗性

体育非物质文化遗产所体现的是当地人民的生产、生活、追求等，因此带有当地鲜明的特色，因而具有民俗性。体育非物质文化遗产分为三类：传统体育、游艺、杂技。其中游艺又可以分为一般游艺、民俗类游艺。无论是一般游艺还是民俗类游艺，它们都是在特定的地域、环境下产生的，蕴含着深厚的体育传统文化以及民俗文化。

3. 体育非物质文化遗产的生活性

体育非物质文化遗产的生活性主要表现在两个方面。一方面，体育非物质文化遗产中蕴含着民众的行为规范以及生活习惯倾向。在古代，体育存在的形式非常广泛，民间的祭祖活动、节日庆典、游戏娱乐、锻炼身体等都涉及体育非物质文化遗产。另一方面，体育非物质文化遗产重视内外发展，注重人的内在感受、修为、追求，促使人的身心得到全面而自由的发展，注重外在的人与自然、人与社会的和谐发展。比如，体育非物质文化遗产中的太极拳，因其稳定典雅的特征，加上容易学习，故而广泛地融入人们的日常生活中，帮助人们强身健体。

4. 体育非物质文化遗产的群体性

体育非物质文化遗产反映了特定群体的行为规范以及理想信念。在这一背景下，群体关系和谐，呈现出较强的群体凝聚力。无论其本身有多大的独特性，它总会无形地被划为某一群体，这体现着体育非物质文化遗产的群体性。

5. 体育非物质文化遗产的生态性

体育非物质文化遗产的产生与发展都离不开其主体的民族特性。这一特性孕育于特定的民族环境——一个以民族、社区居民为主体，自然与人文交织为背景的生态系统。在这个生态系统中，政治、经济、历史、文化诸多元素相互交融，共同塑造着民族特性的独特风貌。民族的生活环境、生产方式、宗教信仰、风俗习惯等，都在无形中影响着体育非物质文化遗产的形成与发展，赋予其鲜明的民族色彩和地域特色。体育非物质文化遗产的生态性，正是这一民族特性在文化传承中的体现。它不仅仅是一种运动技能或技艺的传承，更是一种生活方式、文化精神的延续。

### （四）体育非物质文化遗产保护的本质

非物质文化遗产保护的本质不在于非物质文化遗产的形式，而在于这种形式背后大众的生活状态以及现实需求。体育非物质文化遗产的保护也不例外，需要从体育非物质文化遗产形式的背后挖掘大众的文化及审美。

随着时代的变迁，非物质文化遗产的文化背景、生态空间等都发生了变化，因此非物质文化遗产的传承与发展不能被孤立地保存和记录，而应当将重点放在非物质文化遗产传承主体上，保护承载着民族传统"记忆"和"技艺"的人。

### （五）体育非物质文化遗产的保护原则

体育非物质文化遗产的保护应当遵循生命原则、整体原则、创新原则、教育原则以及人本原则。

#### 1. 生命原则

体育非物质文化遗产有着自身的基因、结构、能量、生命链，需要在保护过程中遵循生命原则。在保护过程中，人们可以通过调研找到传承的精神实质。如果舍弃了生命原则，也就相当于从根本上直接否定了体育非物质文化遗产所蕴含的特殊的生命体，也就失去了保护和传承的意义。

## 2. 整体原则

整体原则包括两层意思：其一是生态整体。体育非物质文化遗产的生态特性决定了体育非物质文化遗产的保护必须将其外部环境以及附属形式构成一个生态主体加以保护。其二是文化整体。体育非物质文化遗产本身具有深厚的历史文化内涵，所表达的是民族的精神情感，是同源共生的文化共同体，因此必须从文化整体上保护体育非物质文化遗产。

## 3. 创新原则

体育非物质文化遗产的传承与发展一般会朝着两个方向发展，即负向发展和正向发展。负向发展表现为有些体育非物质文化遗产在传承中并没有继承非物质文化遗产的精髓，导致其变质，如当下市场上出现了不少伪民俗。正向发展则表现为体育非物质文化遗产在继承与发展过程中，遵循市场规律，自我创新，将传统的价值观念与现代的价值观念相结合，转化为适合时代发展的体育非物质文化遗产，以实现更好地为大众服务的目的。因此，体育非物质文化遗产的保护需要坚持创新原则，保持体育非物质文化遗产的生命力，保护和激发创新能力。

## 4. 教育原则

体育非物质文化遗产的保护并不是一段时间、一个民族或者一部分人的事，而是一个全社会的、经常性的事情，需要人们将非物质文化遗产的保护原则贯彻于人们日常的生活之中。因此，体育非物质文化遗产的保护本身具有教育性。

## 5. 人本原则

体育非物质文化遗产的保护不可避免地会发生利益冲突，因此需要坚持人本原则。人本原则一方面要求满足非物质文化遗产传承人的精神需求，也就是传统文化的精神需求。只有满足了这个群体的精神需求，才能调动他们的内生动力,投身到体育非物质文化遗产保护的工作中;另一方面要求注重人的现实需求,关注社会的经济发展和人们的幸福生活,以便在保护体育非物质文化遗产的同时,满足人们的精神需求和物质需求。

## 二、体育非物质文化遗产赋能乡风文明建设的作用机理

### (一)体育非物质文化遗产中的体育精神提升乡村广大人民群众的精神面貌

在乡风文明建设过程中,提升乡村广大人民群众的精神面貌是乡风文明建设的重点,而体育非物质文化遗产中所蕴含的体育精神,能提升乡村广大人民群众精神面貌。体育非物质文化遗产蕴含着多种体育精神,包括团队精神、合作精神、以人为本、英雄主义精神等,这些精神具有普遍意义,并贯穿于体育非物质文化遗产的始终,影响着广大人民群众精神品质的养成,如自信乐观、团结协作、攻坚克难等。

### (二)体育非物质文化遗产中的体育人文情怀推动乡村文化程度的提升

强身健体是开展体育活动的主要目的,体育非物质文化遗产除了能强身健体外,还被赋予了独特的人文情怀。乡村地区的文化环境与城市相比较,呈现出单一的特点,加上乡村体育活动的社会属性,使得体育非物质文化遗产中的人文情怀浓郁,对整个乡村产生了广泛而深远的影响,进而提升了乡村的乡风文明程度。

非物质文化遗产所蕴含的人文情怀可以不断提升乡村的乡风文明,主要表现为人文情怀可以不断改善邻里之间的关系,摒弃陈旧的规则,提升思想道德认识。

一方面,体育非物质文化遗产具有一定的社交功能。广大农民群众

在参与体育非物质文化遗产传承与发展的过程中可以增进感情，增强彼此间的信任，减少矛盾与纠纷。

另一方面，体育非物质文化遗产同样是传播文化的一大途径。体育非物质文化遗产主要传播先进文化，这样可以培养广大农民群众的文化觉悟，形成积极向上的乡风文明。

### （三）与体育非物质文化遗产相关的体育特色活动彰显中华优秀传统文化

以体育非物质文化遗产为重要载体的乡土体育特色活动是优秀民族文化的实践载体，其具有鲜明的民族特色，能更好地传承中华优秀传统文化，进而为乡风文明建设贡献力量。我国幅员辽阔，人口众多，各地人民群众根据自身的特色开展体育活动，是传承中华优秀传统文化，讲好中国故事的生动案例。

## 三、体育非物质文化遗产助力乡风文明建设的具体策略

2023年，《关于推进体育助力乡村振兴工作的指导意见》发布，其中确立了"以体育丰富乡村文化，让乡风更文明。推动乡村体育活动开展，弘扬优秀农耕文化，提升农民文明素养，推动乡风文明建设"的原则。体育非物质文化遗产是乡村体育的重要组成部分，在助力乡风文明建设方面有着积极的意义。

体育非物质文化遗产助力乡风文明建设包括以下几个策略。

### （一）抢救与保护特色乡土民俗体育文化资源

在乡风文明建设过程中，挖掘体育非物质文化遗产中的特色乡土民俗体育文化是至关重要的一环。特色乡土民俗体育文化资源是中华民族文化与智慧的结晶，不仅承载着先辈们的智慧与汗水，还有着独特的地方特色以及文化底蕴。

1. 开展搜集资源与建档工作

要发挥体育非物质文化遗产的文化魅力,需要先留住其本身的文化光环,需要对体育非物质文化遗产的特色乡土民俗体育文化进行广泛搜集,并将搜集来的特色文化建档。对于那些濒临失传的体育项目,可以采用影像记录、口述等方式进行搜集整理,确保这些宝贵的文化遗产保留下来。建档之后还可以建立民俗体育文化资源数据库,利用数字优势,让这些文化资源跨越时间、空间,得到长远留存。

2. 给予法律、政策、资金等方面的支持

对于已有的特色乡土民俗体育文化资源,应当采取多种办法予以支持,包括法律支持、政策支持、资金支持等。同时在保护主体上也要鼓励和支持当地社区、学校、民间组织等参与特色乡土民俗体育文化的保护与构建,最终形成以政府为主导、社会广泛参与的保护机制。

3. 加强宣传与教育

可以举办民俗体育文化节、展览、讲座等活动,提高公众对乡土民俗体育文化的认识与兴趣,进而关注体育非物质文化遗产项目,激发社会各界参与保护的热情。同时,将民俗体育文化融入学校教育体系,让青少年在学习与体验中感受传统文化的魅力,培养他们对本土文化的认同感和自豪感,为乡土民俗体育文化的传承与发展奠定坚实的基础。

### (二)创新传统体育、民间游艺等非遗项目传承发展方式

体育非物质文化遗产的传承并不是简单的复制,需要在原有的文化基础上,与时俱进,以适应当代文化的发展。要实现传统体育、民间游艺等非遗项目的创新。

可以与节庆主题结合,将节庆与体育项目结合起来。比如山西省非物质文化遗产保护中心在端午节前后,举办了"文化和自然遗产日"非

遗传统体育类项目展示展演，在展演中表演了杨氏太极拳、傅山拳术、樊氏八卦掌等非物质文化遗产瑰宝，以武会四海宾朋，共鉴武术之博大精深。各体育非物质文化遗产的传承人各展绝学：杨氏太极，行云流水间刚柔并济，快慢交织；傅山拳法则以其深厚的文化底蕴和独特的技击理念，展现出拳术的力与美；而樊氏八卦掌揉身转，更是将身法之灵动、步法之玄妙、手法之精准发挥到了极致，令人叹为观止。山西省非物质文化遗产所组织的表演，不仅是一场武术技艺的盛宴，还是中华传统文化魅力的集中展现，让每一位观众都沉浸在武术的韵律与力量之中，共享这份独特的文化瑰宝。

除了和节庆联系在一起之外，还可以推动体育非遗项目与其他文化领域、旅游产业、教育机构的跨界合作，共同开发具有地方特色的文化产品和旅游项目。例如，将武术、龙舟等传统体育项目融入旅游线路。

### （三）建立与传统体育相关的非遗工坊、非遗传承体验中心和非遗旅游体验基地

与传统体育相关的非遗工坊、非遗传承体验中心和非遗旅游体验基地在乡风文明建设中发挥着积极的作用。

1. 非遗工坊的作用

非遗工坊主要面向的是当地的农民，通过培训，提升了从业者的技艺技能，这在一定程度上提高了体育非物质文化遗产传承的活动水平，还增强了乡村大众的文化认同，进而提升了文化自觉和文化自信。

2. 非遗传承体验中心的作用

非遗传承体验中心通过展示非遗项目的代表性作品、工具、原材料等实物，利用图文展板、多媒体互动等方式，向公众普及非遗知识，增强公众的文化素养和文化自信。非遗传承体验中心还设置了互动体验区，

让游客和乡村居民亲身体验非遗作品制作过程。这种互动体验不仅增加了游客的参与度和体验感，还激发了乡村居民对非遗技艺的兴趣和热爱，促进了非遗技艺的传承与发展。

3.非遗旅游体验基地的作用

非遗旅游体验基地将体育非遗项目与旅游产业相结合，打造特色旅游体验项目。这种融合发展不仅促进了乡村经济的繁荣，还提升了乡村的文化品位和吸引力。游客在体验体育非遗技艺的同时能感受到乡村的独特魅力和文化底蕴。另外，非遗旅游体验基地通过展示和传播非遗项目的文化内涵和价值观，向游客传递了正能量和积极向上的生活态度。这种传播有助于引导乡村居民树立正确的价值观和道德观，推动乡村社会的和谐与进步。

## 四、相关案例

赛龙舟是一项融民俗与竞技为一体的传统体育、游艺与杂技体育项目。赛龙舟这一习俗源自纪念爱国诗人屈原的古老习俗，经过几千年的演变，广大农民群众依旧喜爱这一民俗活动，尤以端午节期间最为热烈。如今，赛龙舟不仅仅是一项体育活动，还是文化与乡愁的载体，它承载着民族记忆与情感共鸣。近几年来，以赛龙舟为核心而形成的龙舟文化成为助力乡风文明建设的重要引擎。

### （一）广西瓦塘镇香江村：龙舟文化助力乡风文明建设

瓦塘镇香江村坐落于广西贵港市港南区南部，其以悠久的龙舟文化而闻名。香江龙舟赛是当地的传统民俗活动，从产生至今已经有上百年历史。龙舟赛不仅是贵港市非物质文化遗产的代表，还是香江人心中难以割舍的情结。每年端午节，香江古码头都会汇聚八方龙舟，展开一场场激烈的水上角逐。村民们以划龙舟为媒介，锻炼了体魄，凝聚了团队力量，从中展现了香江人团结合作、勇于拼搏的精神风貌。如今，龙舟赛已成为香江村的一张名片，吸引着无数游客前来观赏。在比赛中，游客总能感受到独特的传统与现代交织的魅力。

划龙舟、龙舟赛等一系列活动传承和弘扬了中华优秀传统文化，并逐渐形成香江村独特的龙舟文化。瓦塘镇香江村还以弘扬龙舟文化为契机，积极引导村民树立文明新风。在龙舟赛前的筹备过程中，村民们齐心协力，共同筹备，增强了邻里间的凝聚力和向心力。赛事期间，香江村倡导"文明划龙舟"，强调秩序与礼仪，使龙舟赛成为展示乡村文明风采的窗口。同时，龙舟文化中的团结合作、永不言弃的精神，也深深植根于村民心中，激励着他们在日常生活中积极向上、互帮互助。龙舟赛的成功举办、龙舟文化的弘扬丰富了村民的文体生活，让村民的精神面貌焕然一新，而这种精神面貌也在潜移默化中提升了乡村的整体文明水平，成为推动乡风文明建设的有力抓手。①

## （二）广东佛山市上东社区：擦亮龙舟品牌，建设乡风文明

近年来，佛山市上东社区在党建的引领下，对文化建设、产业布局和生态建设进行了全面革新，为传统的龙舟文化注入新元素，使其焕发出新的活力。每到10月1日，上东社区都会如期举办锦龙盛会，数十支龙舟队在河涌上激烈竞技，吸引万余观众前来助威。这一盛事自1979年创办以来，已连续举办了41届。

上东社区作为龙舟文化的重要发源地，其龙舟传统历史悠久。在九江镇27个村（居）中，上东社区拥有的传统龙舟数量位居前列。近年来，上东社区以党建为引领，以龙舟文化为纽带，推动基层治理创新，不断建设乡风文明。上东社区通过举办形式多样的活动传承岭南风情和龙舟文化，实现了社区治理与文化传承的深度融合，开创了社区发展的新篇章。

---

① 岑月梅：《瓦塘镇香江村：传承龙舟文化 培育乡风文明》，https://www.ggnews.com.cn/news/xianshiqu/gangnainqu/2024-05-30/83740.html，访问日期：2024年12月2日。

## 第六章　非物质文化遗产助力乡风文明建设路径

团结拼搏、积极向上、发奋图强是龙舟文化的核心，这种精神已经深深植根于社区居民的心中。国庆的龙舟赛期间，每个社都有自己的龙舟俱乐部，家家户户都会聚在一起吃龙舟饭。无论是居民还是在外乡亲，都热心参与锦龙盛会，为家乡的建设贡献自己的力量。

在龙舟文化的熏陶下，社区的乡贤们纷纷投身乡村振兴、乡风文明建设等事业。一些公司和个人纷纷慷慨解囊，为上东小学捐赠空调、建设公园等，为社区的发展贡献力量。无论是环境治理还是基层治理、文化传承，都需要凝聚人心，而龙舟文化正是凝聚人心的切入点。为此，上东社区在党建的引领下，积极修缮龙舟文化展览馆、改善河涌环境、设计龙舟主题公园等，将这些场所打造成理论宣讲、教育服务、文艺交流和邻里互助的实践平台。这些举措不仅进一步提升了上东龙舟品牌的知名度，还为乡村振兴、乡风文明建设注入了新的活力。①

---

① 沈芝强：《龙情上东：擦亮龙舟品牌，让九江特色融合时代气息绽放新光彩》，http://www.nanhai.gov.cn/fsnhq/zwgk/zwdt/zjyw/content/post_5803513.html，访问日期：2024年12月2日。

# 第七章 中华优秀传统文化融入乡风文明建设路径

## 第一节 中华优秀传统文化概述

### 一、中华优秀传统文化的概念

所谓中华优秀传统文化，指的是中华民族历经时代流传下来的诗文典籍、民间艺术、节日习俗、传统礼仪、民族精神等一切与华夏儿女相关的持久稳定、博大精深的文化。① 弘扬中华优秀传统文化是当前中国文化建设的重要内容，也是国家治理体系和治理能力现代化建设的重要方针。

**（一）中华优秀传统文化对中国特色社会主义建设有积极的意义**

中国特色社会主义是中国独有的发展道路，彰显了中华民族的独特

---

① 上海市陈鹤琴教育思想研究会：《源头"活水"：基于"活教育"思想的中华优秀传统文化教育的实践研究》，广西师范大学出版社2022年版，第274页。

气质。这一特色是由我国悠久的文化传统、曲折的历史命运以及复杂的基本国情共同塑造的。中华优秀传统文化作为中华民族的根与魂,为中国特色社会主义提供了深厚的文化土壤和滋养。中国特色社会主义深深植根于中华优秀传统文化的沃土之中,汲取着传统文化的智慧和力量,展现出独特的魅力和活力。

2013年,习近平在全国宣传思想工作会议上指出:"宣传阐释中国特色,要讲清楚每个国家和民族的历史传统、文化积淀、基本国情不同,其发展道路必然有着自己的特色;讲清楚中华文化积淀着中华民族最深沉的精神追求,是中华民族生生不息、发展壮大的丰厚滋养;讲清楚中华优秀传统文化是中华民族的突出优势,是我们最深厚的文化软实力;讲清楚中国特色社会主义植根于中华文化沃土、反映中国人民意愿、适应中国和时代发展进步要求,有着深厚历史渊源和广泛现实基础。"① 这四个"讲清楚"说明了中国特色与中华优秀传统文化的紧密关系,要讲清楚中国特色,必须挖掘中华优秀传统文化的有利因素,从而助力中国特色社会主义建设。

中华优秀传统文化与马克思主义思想之间存在着诸多契合点,这些契合点为马克思主义中国化奠定了坚实基础。例如,大同思想与共产主义理念相呼应,都表达了对理想社会的追求;力行思想则与马克思主义的实践理论不谋而合,都强调了行动与实践的重要性。这些契合之处使得马克思主义在中国有了更为广泛的群众基础,也为中国特色社会主义理论体系的形成提供了思想资源。中国特色社会主义理论并非孤立存在,而是深深植根于马克思主义与中华优秀传统文化的沃土之中。它是马克思主义基本原理与中国社会主义建设实践相结合的产物,也是马克思主义与中国历史文化相互融合的结晶。这种内在的思想贯通为马克思主义在中国生根发芽、开花结果提供了肥沃的土壤,让人们看到了中华优秀

---

① 习近平:《加强文化遗产保护传承 弘扬中华优秀传统文化》,http://www.qstheory.cn/dukan/qs/2024-04/15/c_1130109121.htm,访问日期:2024年8月27日。

传统文化的独特魅力和时代价值。只有不断挖掘和弘扬中华优秀传统文化的精髓,同时坚持马克思主义的思想引领,才能推动中国特色社会主义事业不断向前发展。

## (二)中华优秀传统文化是社会主义核心价值观的源泉

党的十八大以来,我国明确提出了以"富强、民主、文明、和谐"为国家层面的价值目标,以"自由、平等、公正、法治"为社会层面的价值取向,以"爱国、敬业、诚信、友善"为公民个人层面的价值准则的社会主义核心价值观。这一体系深刻体现了国家及民族在特定历史阶段为适应时代发展,会孕育出与其根本社会制度和发展阶段相适应,并能引领和凝聚全社会共识与行动的核心价值观。

社会主义核心价值观与当前的奋斗目标紧密相连,也精准回应了时代面临的挑战与问题。它不仅是中国特色社会主义事业的精神引领和坚实支撑,还是实现中华民族伟大复兴的基石。习近平强调:"中华优秀传统文化是中华民族的精神命脉,是涵养社会主义核心价值观的重要源泉,也是我们在世界文化激荡中站稳脚跟的坚实根基。"① 社会主义核心价值观深深植根于中华优秀传统文化之中,后者为前者提供了丰富的思想素材与智慧启迪。

之所以能够用中华优秀传统文化滋养社会主义核心价值观,是因为中华优秀传统文化自身博大精深,且中华优秀传统文化能顺应时代变迁,持续推动民族进步与发展,长久地维系中华民族的团结与和谐。因此,培育和践行社会主义核心价值观的过程,本质上也是对中华优秀传统文化精髓的传承与弘扬。

具体而言,中华优秀传统文化中的诸多理念,如"实干兴邦"的务实精神,"兼听则明"的民主智慧,"以和为贵""和而不同"的和谐共生

---

① 人民网:《习近平:坚持以人民为中心的创作导向 创作更多无愧于时代的优秀作品》,https://cpc.people.com.cn/n/2014/1016/c64094-25843852.html,访问日期:2024年8月27日。

理念，"天下大同"的崇高社会理想，"礼法合治"的治理智慧，"精忠报国"的爱国情怀，"敬业乐群"的职业伦理，"己所不欲，勿施于人""与人为善"的处世哲学，以及"择善而从""仁者爱人"的道德追求，均为社会主义核心价值观的倡导与实践提供了坚实的思想支撑和强大的精神动力。这些宝贵的精神财富，共同构筑了中华民族的精神家园，引领着人民在新时代的征程上不断前行。

### （三）中华优秀传统文化是中华传统美德的重要资源宝库

道德建设是道德认知、道德情感、道德意志、道德信念以及道德行为层层递进的过程。同时，道德建设对兴国立人有重要的意义。

中华优秀传统文化中蕴含着中华民族优良的道德规范，也就是中华传统美德。中华优秀传统文化孕育于漫长的历史长河中，并凝练了整个中华民族深层次的精神追求，代表着中华民族独特的精神标识，为中华民族生生不息、不断发展提供了文化动力。而传统美德是中华优秀传统文化的精髓，可以说是精髓中的精髓，其中蕴含着丰富的思想道德资源，因此，当今中国道德建设需要从传统美德中汲取养分。

春秋战国时期，思想自由，学派众多，出现了百家争鸣的现象，老子、孔子、孟子、韩非子、墨子等哲人智者，上窥苍穹奥秘，下探地理精髓，积极探讨人际关系、社会伦理及人与自然和谐共生的真谛。其所倡导的诸多理念，诸如孝悌忠信、礼义廉耻的道德准则，仁者爱人、与人为善的处世哲学，天人合一、道法自然、自强不息的宇宙观与人生观等，这些思想至今指导着大众的思想与行为。

中国共产党深刻认识到中华传统美德这一宝贵资源的价值，通过提炼并传承这些跨越时代的道德精粹，在推进社会主义道德建设的征途上，积极将其融入现代道德体系之中，让传统美德成为滋养社会主义道德建设的沃土，既弘扬了中华民族的精神风貌，又为新时代道德建设提供了深厚的文化底蕴和强大的精神动力。

## 二、中华优秀传统文化的主要内容

中华优秀传统文化是一个庞大的体系,有着丰富的内容,如图7-1所示。

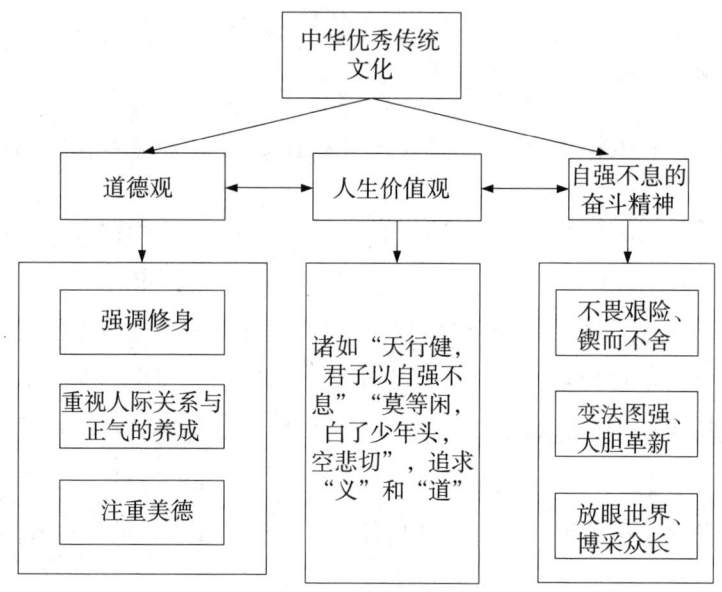

图7-1 中华优秀传统文化的内容

### (一) 道德观

古代社会形成了以儒家思想为主流的伦理道德思想,其内容可以概括为以下几点。

1. 强调修身

中华优秀传统文化非常注重自身道德修养的提升以及人格的完善。传统的伦理道德属于社会本位论,强调在群体利益面前,个人利益应当服从群体利益,并要求个人提升自我修养,提升精神境界,强调个人的道德修养和人格完善是提升群体利益的前提。

## 2. 重视人际关系与正气的养成

在传统的伦理道德体系中，儒家提出了一系列处理人际关系的行为准则，如孔子提出了"孝悌"，认为孝悌是仁的根本；孟子提出了"五伦"，即父子、君臣、长幼、夫妇、朋友，指出父子关系、兄弟关系是核心。

特别是在义利关系上，古人有很多观点值得学习。传统道德提倡重义轻利、先义后利的观点，主张在贫穷面前要坚持节操。孟子将这种节操概括为养浩然之气，即"富贵不能淫，贫贱不能移，威武不能屈"，这种浩然之气塑造了中华儿女的铮铮铁骨。

## 3. 注重美德

中华民族的传统美德是在长期的社会实践中积累而成的，中华美德是中华优秀传统文化的重要组成部分，它植根于中华民族精神之中，所体现的是中华民族的优秀人格以及高尚的社会道德，是促进社会进步、人类发展的精神动力。

在个人修养上，中华美德要求洁身自好、深度自律、诚实笃信、清正廉明、勤学苦练、虚怀若谷等。

在为人处世上，中华美德崇尚尊老爱幼、谦虚恭敬、尊师重道、严己宽人、豁达宽容等。

在集体利益面前，中华美德要求忠君爱国、国家兴亡匹夫有责、舍生取义等。

此外，中华美德将忠与孝作为中华民族最重要的美德，忠与孝同样是中国人的立身美德。除此之外，中华美德重视诚信，认为诚信是安身立命之本。人如果没有诚信，是无法立身的，人们在处理人际关系时要讲信用、守承诺。

## （二）人生价值观

中华民族的传统人生价值观蕴含着丰富的哲学意蕴，早在西周时期就有"天行健，君子以自强不息"的说法，到了春秋时期，出现了"三不朽"，以立德、立功、立言为人生的三种价值。许多仁人志士将热爱、乐观、追求人生价值作为奋斗的目标，并提出了很多论断，"知有生之乐，怀虚生之忧""莫等闲，白了少年头，空悲切"等是他们的真实流露。

传统的人生价值观强调人的社会价值，主张个人对他人、对社会作出贡献，并将"义"与"道"视为做人的最高标准。在遇到个人利益与国家利益、集体利益、人民利益矛盾时，需要将国家、集体、人民的利益放在第一位，通过个人的奋斗为国家的繁荣、集体的荣誉、人民的安居乐业作出贡献。这种价值观有最高的境界，即"鞠躬尽瘁，死而后已"的献身精神。

中国共产党一直以这种精神投身于革命和建设事业中，舍己为人，艰苦奋斗，为了建成社会主义现代化强国而艰苦奋斗。

## （三）自强不息的奋斗精神

自强不息、积极进取是中华民族世代传承的伟大精神。自强不息的奋斗精神主要表现为以下几个方面。

### 1. 不畏艰险、锲而不舍

中华民族正是依靠这种精神，创造了古代文明，为人类文化作出了贡献。思想家荀子曾说："不积跬步，无以至千里；不积小流，无以成江海。骐骥一跃，不能十步；驽马十驾，功在不舍。锲而舍之，朽木不折；锲而不舍，金石可镂。"这是对不畏艰险、知难而进的精神的生动描绘。思想家、教育家孔子就有着自强不息的奋斗精神。他55岁时开始率领弟子周游列国，一边讲学，一边宣扬政治主张，历时13年，行程数千里。

在这一过程中遇到了各种各样的困难,孔子毫不动摇。68 岁回到鲁国后,他开始删诗书,修订礼乐,著书立说,开创了儒家学派,最终计儒家学说成为封建正统思想。而孔子本人也成了至圣先师,受到世人敬仰。

2. 变法图强、大胆革新

中华民族骨子里富于创新,历史上曾经涌现出许多改革家,这些改革家冲破艰难险阻,大胆改革创新,从而推动了历史的发展。秦国的秦孝公任用商鞅进行了著名的商鞅变法,使得秦国跻身于强国之列,为后面秦国统一六国奠定了基础。秦始皇建立秦朝之后,继续采纳李斯的建议,改革了政治、经济、文化等制度,建立了中央集权的政治制度,这对后面封建社会的发展有重要的影响。之后的各个朝代都有改革家,他们打破常规,克服种种弊端,推动社会向前发展。

3. 放眼世界、博采众长

中华民族还善于向国外学习,以汉族为主体的中华民族在与国外开展交流过程中,曾向国外学习和吸收了不少有用的东西,张骞出使西域、玄奘赴印度取真经等,虽然古代中国处在封闭的状态,但并不影响中华民族了解世界的步伐。

林则徐是封建统治阶级中放眼看世界的第一人,他不仅研究西方国家的社会基本情况,还潜心研究西方的生产技术,特别是武器制造。同样,清代魏源提出了著名的"师夷长技以制夷"的主张。洋务运动、戊戌变法等,涌现出洪仁玕、曾国藩、左宗棠、李鸿章、康有为、梁启超等人,以及之后领导了辛亥革命的孙中山。在此过程中,中华民族付出了巨大的努力和牺牲,为中国近代民族工业的建立和发展奠定了基础。

为了救国救民,中国的先进知识分子开始学习马克思列宁主义理论,学会用无产阶级的世界观作为武器,经过艰难曲折的斗争,建立了中华人民共和国。一直到今天,中华民族始终以开放的胸怀博采众长,使社会主义事业蒸蒸日上。

## 三、中华优秀传统文化的主要特征

### （一）整体性

中华优秀传统文化具有鲜明的整体性特征。

首先，中华优秀传统文化内部各类文化形式紧密交织，相互渗透，共同构成了一个整体的、独立的文化体系。人们只有广泛涉猎并深刻理解其各个分支与门类，才能全面理解中华优秀传统文化的总体风貌与精髓。

其次，回顾中华优秀传统文化的悠久历史不难发现，众多文化巨匠皆是跨领域的全才，如孔子与孟子等，他们不仅以高尚的道德风范、渊博的学识和深邃的哲理思想著称于世，还在文学创作、政治治理、艺术鉴赏、体育竞技乃至军事战略等多个领域展现出非凡的才华与卓越的成就。他们的成就是中华优秀传统文化整体性特征的生动体现，也是后世学习与传承的宝贵财富。

### （二）时代性

文化的本质并非静态的既定事实，而是一个动态演变、持续发展的过程。中华优秀传统文化非常鲜明地体现了时代性这一特性，它始终在继承与变革的张力中生生不息，展现着发展的哲学。在这一过程中，旧的文化形态不断被新的形式所取代，每一次更迭都标志着文化的创新与进步。

这些新的形式下深藏着中华民族的民族精神，它是文化的灵魂，穿越时空的界限，赋予每一种新的文化形式以独特的生命力和认同感。正是这种民族精神的传承与弘扬，确保了中华优秀传统文化在历经沧桑后仍能焕发勃勃生机，成为连接过去与未来的桥梁。

### （三）地域性

我国地域辽阔，资源丰富，尽管偶有分裂割据时期，但总体而言，统一的多民族国家政治格局始终占据主导地位。这一漫长的历史进程孕育并塑造了中华优秀传统文化这一博大精深的文化体系。其中，黄河流域的华夏文明居于核心与主体地位，而丰富多彩的少数民族文化为其增添了无限光彩与多样性。

中华优秀传统文化的生命力，还体现在与外来文化的交流中。早在数千年前，中华文化就开启了与异国文化的交流。汉唐盛世是文化开放的典范时期，大量外来文化涌入中原，经过本土化的融合与演变，不仅丰富了中华文化的内涵，也促进了文化的多元共生。佛教从印度传入，成为中华意识形态领域的重要组成部分；丝绸之路上的异国音乐、舞蹈，则在艺术领域留下了深刻的印记，赋予中国艺术新的生命力与表现形式。

与此同时，中华文化也以其独特的魅力向世界展示了其深厚的底蕴与创造力。造纸术、火药、印刷术、指南针四大发明，以及精美的丝绸、瓷器等工艺品也传到了国外，对世界文明的发展产生了深远的影响。此外，中医、气功、武术等中华文化的精华，至今仍受到国际社会的广泛关注与推崇，展现了中华文化跨越时空的永恒价值。

### （四）兼容并包性

古代中国以其开放的姿态和包容的精神屹立于世界民族之林，以其悠久的历史和丰富的文化被世界瞩目。同时，古代中国在对外交流与文化传播上，亦展现出兼容性与开放性。

中华优秀传统文化的根脉在黄河流域，因此产生了黄河文化。北方游牧民族的迁徙与交融，为这一文化体系注入了新的活力。农耕文明与游牧文明在碰撞与融合中非但没有相互抵消，反而各自保留了独特的文化特质，相互学习、共同繁荣，展现了文化多样性的魅力与生命力。

值得一提的是，中华优秀传统文化所展现出的包容性，是其能够历久弥新、不断发展的重要原因。例如，古印度的佛学思想自汉代传入中国后，迅速融入本土文化，成为中华文化中不可或缺的一部分，其广泛传播与深远影响正是中华优秀传统文化包容与自我革新精神的生动体现。

这种精神不仅展现了中华民族开放包容、兼收并蓄的文化自信与气度，还促进了世界文化的交流与互鉴。

## 第二节 中华优秀传统文化对乡风文明建设的契合性分析及作用

乡风文明建设的重点是建设具有乡村地域特色的文明形态，乡风文明建设不仅是乡村振兴战略实施的重要支撑，还是建设中国特色社会主义的重中之重。2017年，习近平强调乡村建设"既要塑形也要铸魂"[①]。党的二十大报告指出"统筹推动文明培育、文明实践、文明创建，推进城乡精神文明建设融合发展"[②]，这为乡风文明建设指明了方向。

中华优秀传统文化是中华民族在漫长历史进程中创造的宝贵财富，蕴含着深厚的智慧与精神内涵。与此同时，中国社会在数千年的农耕文明中，形成了独具特色的乡风文明，它体现了地方特色、民俗风情和道德观念。中华优秀传统文化与乡风文明之间存在着紧密的联系，前者为后者提供了丰富的文化滋养，而后者是前者的具体展现，二者相辅相成，具有高度契合性。

### 一、中华优秀传统文化与乡风文明建设的契合性分析

这一内在契合性可以从三个方面解释。

---

① 孟德才：《"千万工程"习得录（五）：塑形铸魂并重 内外兼修为美》，《农民日报》2023年6月30日第1版。

② 《党的二十大报告关键词》编写组：《党的二十大报告关键词》，党建读物出版社2023年版，第142页。

## 第七章 中华优秀传统文化融入乡风文明建设路径

### （一）内在价值的一致性

中华优秀传统文化中蕴含着一些哲学观、宇宙观、社会观、天下观、道德观等，对今天仍有指导意义。如中华优秀传统文化中的天下为公、为政以德、民为邦本、天人合一、任人唯贤、厚德载物、自强不息、亲仁善邻等，这些都是中华民族在长期的劳作中创造出来的社会基层生产生活系列价值观念，这些观念融会贯通，形成中华民族的文化根脉，并内化为中华优秀传统文化的价值内涵。这些价值内涵符合社会主义核心价值观，并与倡导的社会主义核心价值观相通共融。

另外，中华优秀传统文化中的很多元素塑造了中华文明的特征，如生生不息、自强奋斗的精神，又如讲仁爱、重民本、守诚信、崇正义、尚和合、求大同等，这些不仅揭示了不同时期的中华优秀传统文化所追求的内容，同时促进了新时代乡风文明的发展。

而乡风文明建设的最终目的是在人们的精神上，是为了丰富人民的精神生活，提升人民的精神力量，改善人民的精神生态，最终为乡村振兴服务，为建设社会主义新农村服务。因此，中华优秀传统文化与乡风文明在价值上有着内在一致性，它们都是对人的内在要求，致力于人们精神领域的全面提升。

### （二）文化主体性表现

乡风文明建设从本质上说就是要构建适应社会主义新农村的乡村文化，构建与物质文明相一致的精神文明。而中华优秀传统文化作为中华民族的根基，有着一套独特的价值体系，这一体系包含中华民族的世界观、方法论，包含中华民族的精神品质及文化内涵，这一体系让我国区别于其他国家。以中华优秀传统文化浸润乡风文明，正是文化主体性的体现。文化主体性为文化自信提供根本依托，文化自信进一步强化了文化主体性。

乡风文明建设的文化主体性主要体现为作为文化主体的广大农民群

众需要发挥主观能动性,确保自身在乡风文明建设中的主导地位,也就是广大农民群众不仅是乡风文明的建设者、发展者,还是乡风文明的体验者和感受者。因此,广大农民群众需要加深对中华优秀传统文化的认识,挖掘优秀农耕文明的内涵,重振农耕文化自信。另外,乡村需要大力加强思想宣传工作,让广大农民群众养成各种美好的品质,包括良好的家风、科学的耕种、勤俭持家的观念等,这些都需要从中华优秀传统文化中汲取养分,以实现二者的相融。这样就可以推进城乡精神文明建设之路,促进传统文化与现代文化的结合,促进乡村文化与城市文化的结合,促进物质文明与精神文明齐头并进。

### (三)乡风文明建设需要始终坚持马克思主义基本原理同中华优秀传统文化相结合

乡风文明是马克思主义基本原理同中国具体实际、同中华优秀传统文化相结合的体现。马克思主义基本原理同中华优秀传统文化的结合预示着,中华民族将在更广阔的文化空间里运用中华优秀传统文化,积极探索乡村各方面的理论搭建、制度确定以及实践指导等,可以说二者的结合是一次思想上的升华。

如何在乡风文明建设中坚持马克思主义基本原理与中华优秀传统文化的结合呢?可以从以下两个方面入手。

一方面,需要挖掘中华优秀传统文化在精神方面的价值,不断内化为个人的准则,外化为行为规范,指导乡村建设实践,最终实现乡村的自治、德治以及法治的综合治理。

另一方面,借鉴中华优秀传统文化生成的创造性转化和创新性发展,将其作为乡风文明建设的基本方法论,使得中华优秀传统文化与现代文化相融,以通俗、有趣的方式推广到广大农村地区。中华优秀传统文化中的那些跨越时空、地域的文化精神必须弘扬,这样可以激发广大农民群众投身社会主义新农村建设,从而建设新时代乡风文明。

中华优秀传统文化浸润乡风文明的目的是打造社会主义乡风文明新

形态，我国要始终坚持马克思主义基本原理同中华优秀传统文化相结合，共同推进乡风文明建设。

## 二、中华优秀传统文化对乡风文明建设的作用

弘扬中华优秀传统文化的意义在于它不仅实现了对民族历史精神的追溯，还为乡风文明建设的开展、乡村的全面振兴注入了动力。传承与弘扬中华优秀传统文化，可以增强广大农民群众对自己家乡文化的认同，有利于营造良好的风气，促进乡村社会稳定、和谐发展。文化认同对于发展乡风文明、振兴乡村文化有重要作用，主要表现在以下几个方面。

### （一）中华优秀传统文化可以增强文化认同感和归属感

中华优秀传统文化是中华民族数千年来的文化积淀与智慧结晶，是乡村社会的历史根基与精神家园。持续传承与弘扬这一宝贵遗产，可以激发乡村居民对本土文化的认同感与归属感，进而促进乡村社会的和谐稳定。这种由文化认同感与归属感所构筑的基石对乡风文明建设的作用在于，它不仅是乡风文明建设不可或缺的支撑，还促进了乡村内部培育起共通的价值观念体系与行为规范准则。

另外，乡风文明建设的重点在于促进乡村在风气、文化上的振兴，中华优秀传统文化在很大程度上强化了乡村社会的凝聚力与向心力，推动乡村更加繁荣兴盛。

### （二）中华优秀传统文化可以提升村民的道德素养和文化素养

中华优秀传统文化中蕴含着十分丰富的思想资源与道德规范，其所包含的礼仪、勤俭、仁爱、诚信等思想和主张，无一不深刻影响着乡村居民的思想观念与行为准则。积极弘扬中华优秀传统文化，可以引导广大农民群众树立正确的世界观、人生观与价值观，培育出崇高的道德情操，养成优良的行为习惯。

此外，中华优秀传统文化中的文学、艺术、哲学等成果是人类文明

乡风文明建设作用机制及实践路径研究

的瑰宝,对于提升广大农民群众的文化素养与审美品位有积极作用。在弘扬中华优秀传统文化的过程中,广大农民群众可以享受传统文化的滋养,村民的整体道德素养和文化素养有了全面的提升,广大农民群众的积极性被激发,能更有信心地投身到乡风文明建设中。

### (三)中华优秀传统文化在一定程度上激发了乡村社会的创新活力

中华优秀传统文化不仅是历史的积淀,还是文化的创新源泉。在乡风文明建设过程中,人们可以深入挖掘并整合中华优秀传统文化中的文化资源,迎合现代需求,实现创新。

比如,开发传统的手工艺、非物质文化遗产、民俗活动、节庆习俗等,将这些内容融入现代生活中,包括融入现代文化产业中,开发具有地方特色的文化产品;也可以在景观设计以及公共空间营造上注入传统元素。这些内容都在一定程度上改变了广大农民群众的生活和生产方式,令人耳目一新。因此,中华优秀传统文化激发了乡村社会的创造活力,从而营造出积极向上的乡风氛围,推进了乡风文明建设。

## 第三节 中华优秀传统文化融入乡风文明建设的策略

文化兴则国运兴,文化强则民族强。中华优秀传统文化的弘扬有利于培养主流价值观,营造良好的文化氛围,促进乡风文明建设。在具体操作过程中,人们可以从以下几个方面传承中华优秀传统文化,融入乡风文明建设事业中。

## 一、保护和利用本土中华优秀传统文化

各地需要深入挖掘中华优秀传统文化中的各种文化遗产，赋予这些文化遗产以时代特色，让这些文化遗产焕发出新的活力，从而促进乡风文明建设。保护和利用本土中华优秀传统文化的策略如图 7-2 所示。

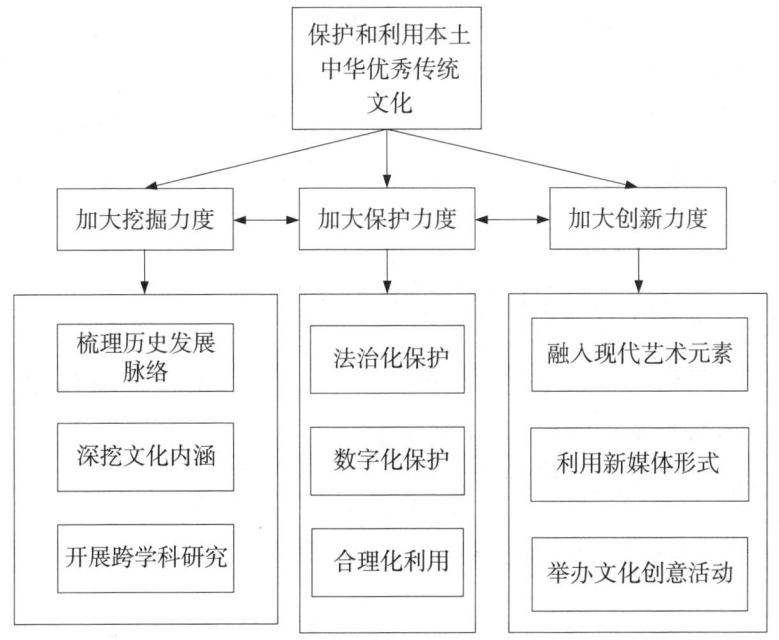

图 7-2　保护和利用本土中华优秀传统文化的策略

### （一）加大中华优秀传统文化的挖掘力度

乡风文明建设需要从乡村本土文化入手，挖掘本土中华优秀传统文化，了解乡村的历史与文化底蕴，为乡村文化的传承、乡风文明的建设奠定坚实基础。

1. 梳理本土中华优秀传统文化的历史发展脉络

各地需要对本土中华优秀传统文化的历史、发展以及内容进行全面

梳理，包括编修村史，编修相关历史文献，整理乡村大事记，挖掘乡村建立的时间、发展及重要历史节点。另外，还要挖掘地方志、古籍、族谱等文献资源，还原乡村历史原貌。

2.深挖本土中华优秀传统文化背后的文化内涵

各地需要深入挖掘乡村的风俗观念、价值追求、道德规范、宗教信仰以及文化传统等，这些都是本土中华优秀传统文化的核心内容，也是了解文化内涵的一手资料。这里要特别注重那些口头的中华优秀传统文化的收集，可以通过访谈当地老者、搜集民间传说和故事等方式来挖掘这些珍贵文化。

3.开展跨学科的中华优秀传统文化研究

将历史学、人类学、民俗学等多学科融入中华优秀传统文化研究之中，可以挖掘本土中华优秀传统文化深层次的含义，同时推动本土中华优秀传统文化的创新与发展。

（二）加大中华优秀传统文化的保护力度

本土中华优秀传统文化需要给予相应的保护。各地要加大对本土中华优秀传统文化，特别是对非物质文化遗产的保护力度。因为非物质文化遗产是乡村文化的灵魂，其中蕴含着中华民族的智慧和高超的技艺。对本土中华优秀传统文化的保护可以让这些珍贵的文化资源焕发生机，为乡风文明建设注入动力。

1.开展法治化保护

建立文化遗产保护的相关法律制度，可以为文化遗产提供法律上的保障；各级政府和机构需要明确责任，特别是加强对非物质文化遗产的保护。

## 2. 开展数字化保护

各地可运用现代技术，建立起乡村非遗数据库，运用数字手段开展对非遗的收集、整理、展示和传播，特别是在传播方面，可以借助新媒体扩大地方特色非物质文化遗产的传播。

## 3. 合理化利用

本土中华优秀传统文化的合理化利用常常与经济发展联系，如打造特色文化产业、文化村镇、文化示范基地，让企业、社会组织参与传承与保护中华优秀传统文化，这些方式在给乡村带来经济价值的同时，能很好地促进中华优秀传统文化向前发展。政府还要加强乡村公共文化设施的建设，如建立乡村图书馆、文化活动室等，以此来拓展广大农民群众的文化生活空间，让乡村文化资源得到充分开发，使乡风为之一新。

### （三）加大中华优秀传统文化的创新力度

各地应发挥大众的积极性，集思广益，不断创新思维，赋予本土中华优秀传统文化新的时代特征及历史使命。例如，可以创新本土中华优秀传统文化的表达形式，融入现代艺术元素，增强其表现形式；也可以利用新媒体形式，开发中华优秀传统文化数字化平台，提升人们的综合体验；还可以举办文化创意活动，吸引当地居民以及外来游客的参与，增强对本土中华优秀传统文化的理解。

## 二、讲好本土中华优秀传统文化故事

习近平在主持中共十九届中央政治局第三十九次集体学习时指出："中华优秀传统文化是中华文明的智慧结晶和精华所在，是中华民族的根和魂，是我们在世界文化激荡中站稳脚跟的根基。"因此，我国要从中华优秀传统文化中汲取养分，讲好中华优秀传统文化故事。在乡风文明建设中，各地需要讲好本土的中华优秀传统文化故事，这样才能从根本上提升乡村文化建设水平,找到乡村发展的长久动力。

(一)坚持正确的价值观

各地要坚持社会主义核心价值观,坚持中华优秀传统文化中的"讲仁爱、重民本、守诚信、崇正义、尚和合、求大同"。只有先有正确的价值观引导,才能提升中华优秀传统文化故事的思想高度和文化内涵,才能让现代人真正理解中华民族的根与魂,才能塑造更多为大众所接受的文化形象。

(二)需要用辩证的眼光讲好本土中华优秀传统文化故事

在实践中,人们需要根据时代发展和社会进步的要求,从现实需求层面对传统文化中的精华部分进行提炼、重组、创新,从而找到大众需要的文化共识。

(三)讲好本土中华优秀传统文化故事需要形象化、具象化

各地可以通过新技术,以全媒体形式推动讲好本土优秀文化故事。当前信息技术进入蓬勃发展的时期,大数据、人工智能、云计算、区块链等为本土中华优秀传统文化故事的传播提供了技术支持,所呈现出的故事也更全面、真实和立体。因此,各地需要借助信息技术,实现故事形式与内容的完美呈现,以此生成大众喜爱的故事。

## 三、构建适应新时代的乡风乡俗

构建适应新时代的乡风乡俗,应在保护群众优秀道德品质的同时创新表达方式,利用现代传媒手段,如网络平台、文化节庆等,以贴近群众生活、易于接受的方式传播正能量,激发群众内在的道德自觉与向善动力。

新乡贤是乡村文化与社会治理的重要力量,鼓励新乡贤参与乡村修规立约的工作,树立起榜样,不仅能有效推动乡风文明建设,还能促进

乡村振兴战略的深入实施。他们的故事与行动，可以弘扬正能量，引领乡村形成崇德向善、勤俭节约、文明和谐的新风尚。

另外，各地可以将中华优秀传统文化与现实结合起来，提炼本土名人的思想，以构建新时代的乡风乡俗。例如，山东滕州曾出了布衣宰相公孙弘，他晚年求学，后来者居上，最终辅佐汉武帝，使汉武帝成为杰出的皇帝。人们可以从布衣宰相公孙弘这一名人的故事中提炼好学的思想。另外，滕州地区的仲虺曾为商王朝献立国大纲《仲虺之诰》，其中提到了"立身、主政、用人"的德治理念，可以从中提炼"好德"思想等。当地可以以这些思想为切入点，在乡村地区宣传"好学""好德"思想，以营造新时代的乡风乡俗，激发社会正能量。

乡村道德评议会、红白理事会、禁赌禁毒会等组织的成立与运行，是完善乡村治理体系、提升村民自治能力的重要举措。加强这些组织的建设，不仅可以加强对乡村事务的监督与管理，还提升了村民的道德素养与文明意识，从而构建一个风清气正、和谐有序的新时代乡村社会。

## 四、加强党政领导，发挥带头作用

俗话说，"村看村，户看户，群众看干部"。党员干部作为群众的领路人，应当率先垂范，积极践行农村婚丧嫁娶等活动的报备制度，自觉抵制违规操办行为，争做移风易俗的领头羊、倡导者和践行者。在塑造社会公德方面，党员干部要以身作则，遵守公共秩序，维护公共利益，用实际行动诠释什么是社会公德，引导群众树立正确的价值取向和行为准则。在恪守职业道德上，党员干部要严格要求自己，秉持敬业奉献的精神，忠诚履职，勤勉尽责，以高度的责任感和使命感投入工作中，为群众提供优质的服务，赢得群众的信任和拥护。在弘扬家庭美德方面，党员干部要发挥表率作用，要注重家庭、家教、家风，传承中华优秀传统文化，倡导尊老爱幼、夫妻和睦、勤俭持家等家庭美德，营造和谐幸福的家庭氛围，为群众树立榜样。同时，党员干部还要在锤炼个人品德上下功夫。要时刻保持清醒头脑，坚守道德底线，做到言行一致、表里如一；要时刻保持谦虚谨慎、不骄不躁的作风，不断提升自己的道德修养和人格魅力。总之，党员干部要通过自身的言行举止来优化党风、政风，进而带动淳朴民风的形成。

秉持以人民为中心的发展理念，党员干部应深入乡村，贴近民众，将工作植根于群众生活之中，聚焦群众关切的实际问题，推动乡村社会的和谐发展。具体来说，党员干部应当解决群众立业、治家、处世等问题，以促进乡村形成夫妻和睦、婆媳融洽、邻里和谐的良好社会氛围。

党员干部应成为传统文化传承与创新的推动者，不断学习探索，提炼传统文化的精华，将其融入丰富多彩的文化活动中，以滋养农民的精神世界，提升他们的道德素养。要将社会主义核心价值观以及中华优秀传统文化的精髓深植人心，使其成为农民日常行为的自然流露，从而让乡村成为崇德尚礼、文明和谐的美丽家园。

## 第四节　案例：名人家风、家训融入乡风文明建设

### 一、家风、家训的概念

中国素来重视家庭建设，特别是家风、家训建设，因此家本位是一大特色。在古代社会，学校教育资源稀缺，仅有少数儿童有幸踏入校门，绝大多数孩童在家庭教育中启蒙成长。因此，家风与家训不仅是传统文化的载体，还是家庭延续文化传统、传承民族精神的重要途径。

#### （一）家风的概念

家风指的是在家庭内部形成的持续稳定的价值观体系，它在口头传

诵中转化为家庭成员的行为准则和价值导向，潜移默化地影响着每个人的言行举止。追溯家风的起源，西晋时期的士族门阀制度为其孕育提供了土壤。当时，家风也被称为"门风"，是衡量一个家庭地位与教养的重要标志。它是家庭在世代繁衍过程中，通过生活实践、传统习俗、道德传承以及为人处世之道的不断积累与沉淀，逐渐形成的一种独特而稳定的生活作风和生活方式。家风是一个家庭的精神支柱和灵魂所在。它的形成需要父辈们的身体力行和言传身教，需要家庭成员的共同努力和维护。

家风，还指世家大族在学术上的薪火相传，即家庭或家族在漫长发展历程中逐渐积淀并形成的一种深具特色的价值观念体系、处世哲学、生活方式、文化氛围、行为习惯以及精神风貌。家风有很多特点，包括传统性、潜在性、普遍性、约束性、绵长性、实践性、局限性等。

一是传统性。家风承载着家族的历史与文化，是世代相传的精神遗产。它深植于传统之中，却又在传承中不断创新与发展，体现了传统文化与现代生活的有机融合。

二是潜在性。家风并非显而易见的外在表现，而是潜藏于家庭生活的点点滴滴之中。它像一股暗流，无声地滋润着家庭成员的心田，影响着他们的思想与行为。

三是普遍性。家风存在于每一个家庭之中，无论贫富贵贱，都有着自己独特的家风。它是家庭文化的共同特征，也是社会文化的微观体现。

四是约束性。家风通过家规、家训等形式，对家庭成员的行为进行规范与约束，确保家庭秩序的和谐与稳定。这种约束并非强制性的束缚，而是基于家庭成员对家风的认同与尊重。

五是绵长性。家风一旦形成，便如同一条绵延不绝的河流，流淌在家族的血脉之中，代代相传，历久弥新。

六是实践性。家风并非空洞的理论或口号，而是需要家庭成员在实践中不断践行与体悟的。通过实践，家风得以内化于心、外化于行，成为家庭成员的自觉行动。实践性是家风的生命力所在。

七是局限性。家风也存在一定的局限性。它受到家庭环境、社会背景等多种因素的影响，可能存在着某些偏见或局限。因此，在传承家风的过程中，人们需要保持开放的心态，不断汲取新的思想与观念，使家风更加符合时代发展的要求。

### （二）家训的概念

家训与家风的关系密切，家训是家风实现的基本手段，让家风得以具体化。那么什么是家训呢？不同的学者给出了不同的定义。

定义一：家训主要是指父祖对子孙、家长对家人、族长对族人的直接训示、亲自教诲，也包括兄长对弟妹的劝勉、夫妻之间的嘱托。①

定义二：家训就是中国古人进行家教的各种文字记录，包括诗歌、散文、格言、书信等。②

综合以上内容，可以看出家训的一方主体是家长、兄长、族长等人，另一方主体则是晚辈、兄弟等。而家训的内容并不是固定不变的，它会随着实践的发展而不断丰富和完善，因此家训具有时代特征，所反映的是当时的社会现象。

关于家训的内容，有学者从修身、齐家、治国、平天下四个方面对家训的内容进行概括，如表7-1所示。③

表7-1 家训的具体内容

| 家训分类 | 具体内容 |
| --- | --- |
| 修身之道 | 立志、专注有恒、养德、谦让、正心慎独、忧患意识等 |
| 齐家之道 | 和睦为首，以孝为先，以勤俭为要，以疏财为义，以富贵为忧，以教育后人、家族延续为重 |
| 治国之道 | 以爱民为要，以明职处事、御下有方为基本手段，以识人为先，以兼顾全局、大道至简为施政原则 |
| 平天下之道 | 要安抚天下黎民百姓，使百姓丰衣足食、安居乐业 |

---

① 徐少锦、陈延斌:《中国家训史》，陕西人民出版社2003年版。第1页。
② 陈君慧:《中华家训大全》，北方文艺出版社2014年版，第1页。
③ 赵毅、马冲:《中国古代家训与士大夫的家国情怀》，《西南大学学报（社会科学版）》2017年第4期。

## 二、相关案例

### （一）山西雷家坡村：家风家训带动村风民风

《史记》中记载："天下明德皆自虞舜始。"位于山西运城市的雷家坡村，正是虞舜明德这一文化脉络中一颗璀璨的明珠，被誉为全国知名的"德孝村"。

十余载春秋，雷家坡村以其独特的创造力，在"最后一公里"的实践中，巧妙地将德孝文化与社会主义核心价值观相融合，不仅塑造了村干部的崇高品德，还激发了村民行孝向善的热情，探索出了一条具有地方特色的社会治理新路径。这份坚持与努力为该村赢得了崇高荣誉，使其成为全国学习的典范。

自 2015 年起，雷家坡村便开启了家风家训的弘扬之旅。每年都会有一场盛大的家风家训征集活动在全村范围内热烈展开，村民们或自行提炼，或追溯家族历史，提炼出诸如"孝敬老人，严教子孙；传承美德，从我做起""以德立身，用心做人""德为先，勤为本，善作魂，和为贵"等蕴含深厚情感与哲理的家风家训。这些宝贵的精神财富被精心装裱，悬挂于每户人家的显眼之处，成为激励全家人修身齐家、向上向善的座右铭。

家风家训如今被展示在文化墙上，成为一道亮丽的风景线。家家户户门口的牌子上，清晰写着户主的名字和家风家训。这不仅仅是一种形式上的展示，更是一种精神上的宣扬和践行。对于每户家庭来说，这是一种自我督促，提醒自己要时刻铭记家风家训，以身作则，为家人树立榜样；对于其他村民来说，这是一种无声的激励，让他们看到身边人的优秀品质和高尚情操，从而激发自己向上向善的动力。在这样的氛围下，每个村民都受到了潜移默化的影响，他们积极向上，努力追求更好的自己，整个村子也因此焕发出勃勃生机，充满了朝气和活力。

值得一提的是，雷家坡村的一桩美谈更是将雷家坡村的德孝文化推

乡风文明建设作用机制及实践路径研究

向了新的高度。村民张某在女儿出嫁时,别出心裁地准备了一份特殊的嫁妆——一块刻有家风家训的牌匾。婚礼上,新婚夫妇在众亲友的见证下签署了"德孝承诺书",而张某则深情地宣读了这份"嫁妆"的深刻含义,并寄语女儿要继续传承和发扬家族的德孝传统。这一举动迅速在当地传为佳话,许多家庭纷纷效仿,将德孝文化作为家庭传承的重要部分,进一步促进了良好社会风气的形成。①

### (二)宁远:好家风凝聚好乡风

在湖南省永州市宁远县的广袤乡村中,一幅幅装裱着的家风家训画卷装点着墙壁与路灯杆,深深触动了广大农民群众的心田。"歪风低俗人人厌,文明理事人人夸""廉洁百世芳,孝顺千古美""互帮互助好邻居,互敬互爱好家庭",这些话语如同种子般播撒在村民心中,生根发芽,绽放出文明之花。

近年来,宁远县积极响应国家号召,以中华优秀传统文化的传承与弘扬为基石,将好家风、好家训视为推动民风改善、村风文明的重要动力。通过深挖家风文化的历史底蕴与文化精髓,宁远县将家庭家教家风建设视为和美乡村建设的关键一环,塑造出了内外兼修的乡村新貌。

在中和镇坦坝村,一套创新的积分制管理体系正悄然改变着乡村面貌。积分制管理体系从积孝、积善、积信、积勤、积俭、积美等多个维度,对家庭进行综合评分,并以此为依据评选出"好婆媳""五好家庭"等模范典型,用身边人的故事激励村民向善向美。同时,该村将家风家训融入村规民约,使之成为村民自觉遵守、相互监督的行为准则。坦坝村因此成为文明乡风建设的璀璨明星,收获了多项国家级、省级荣誉。

仁和镇春水村则是家风家训教育成效显著的又一例证。昔日因家庭矛盾而起的纷争,在村中老干部的耐心调解下得以化解,曾经失和的媳

---

① 中华人民共和国农业农村部:《山西雷家坡村:德孝立村助推成风化人 乡风建设融入农村治理》,http://www.moa.gov.cn/xw/bmdt/202009/t20200901_6351259.htm,访问日期:2024年8月28日。

妇转变态度，用实际行动践行孝道，不仅修复了家庭关系，还成为村里孝老爱亲的典范。多年来，春水村坚持家风家训教育，培育出众多优秀学子，村风文明建设成果斐然，荣获市级文明村称号。

柏家坪镇曙光新村则以"荣誉菜地"的创新举措，激励村民争创"十星级文明户"。肥沃的土地成为荣誉的象征，村民们竞相展现文明风貌，共同编织着和谐共进的美丽画卷。曙光新村近几年连续组织评选"十星级文明户"活动，并于2020年荣获湖南省文明村称号，展现了乡村振兴的勃勃生机。

如今，宁远县处处洋溢着好家风、好村风交相辉映的和谐景象，它们相互滋养、相互促进，汇聚成一股强大的正能量，引领着乡村社会不断向上向善发展。①

### （三）巫溪：以家风传承与尊理崇礼助推乡风文明建设

乡风文明是乡村振兴的灵魂，乡风文明建设是乡村振兴的铸魂工程，乡风民风的培育质量直接影响着和美乡村建设的成色。

近年来，重庆市巫溪县结合当地实际，积极响应市委关于打造全国精神文明城乡融合发展示范区的号召，深入推进了一系列举措。巫溪县认真开展了"春风满巴渝"社会风气提升行动、十件"小案小事"治理专项行动、"德法相伴 文明相随"行政执法主题实践活动，因地制宜倡导"家风传承"、弘扬"尊理崇礼"，深化移风易俗改革，广泛开展"孝慈家庭""好媳妇、好丈夫、好妯娌、好儿女、好公婆、好邻居"等评比活动，组织开展"家风促民风"主题实践活动、"争做文明有礼巫溪人"活动。这些活动通过树立榜样，激发了群众的自觉性，推动了淳朴家风与社会新风的相互促进，以及社会美德与尊理崇礼的深度融合，从而实现了民风的显著提升。

---

① 杨阳、骆力军：《湖南宁远：好家风凝聚好村风 好村风滋养好家风》，http://hn.people.com.cn/n2/2024/0614/c356887-40879206.html，访问日期：2024年8月28日。

1. 倡导"家风传承",以家风润万家

在探讨乡村振兴与文明建设的逻辑中,"家风传承"是一股不可忽视的力量,其重要性越发凸显。优秀家风是中华优秀传统文化的重要组成部分,也是家庭伦理道德的基石,还是社会风气塑造的前提。《大学》所言"一家仁,一国兴仁"这句话,揭示了家风与国家兴衰之间的内在联系。木龙村的实践为"家风传承"的理念提供了生动注脚。

木龙村通过立家规、亮家风、传家训的三维度策略,实现了家风文化的深度挖掘与广泛传播。

首先,立家规。这是对传统家族文化的继承,也是对现代家庭伦理的重塑,它使家风成为规范家庭行为、引导家族发展的内在力量。木龙村以屋场家风庭院为基础,在全村426户村民中全面开展家风家训家谱的系统梳理、规范和提炼工作,总结出45个姓氏家训,如卢氏家训:互敬互爱,互信互帮,互慰互勉,互谅互让;龙氏家训:许人一物,千金不移,善为至宝,心做良田……一句句简短的家训讲述着每个家庭奉行的立身、处世、持家、治业之道。

其次,亮家风。以家风传承馆的设立形式,将家风文化具象化、公共化。该村通过展示古代名人家风、红色家风等,构建了一个家风教育的实体空间,使家风文化能够潜移默化地影响村民日常生活。

最后,传家训。活动通过家风大讲堂、微信群等线上线下相结合的方式,实现了家风文化的精准传播与广泛覆盖,激发了村民对家风文化的认同感与传承意识。

木龙村的转变,是"家风传承"理念在实践中取得成功的缩影。这一过程彰显了家风在凝聚人心、促进社会和谐方面的独特作用,为乡村振兴中的文明建设提供了新思路。

2. 深化移风易俗,破除陈规陋习

巫溪县还以持续整治"无事酒"为切入点,实践了节约办事、节俭生活理念，这对于破除陈规陋习、构建新型乡村社会风尚具有深远意义。这一方面主要通过以下三大途径实现。

（1）强化制度建设。这是移风易俗的基础保障。巫溪县通过出台相关试行办法与通知，将禁止操办"无事酒"等陈规陋习纳入制度框架，不仅规范了党员干部的行为，也通过村（居）规民约与个人诚信档案的建立，对广大村民形成有效约束。这一举措体现了法治思维在乡村治理中的应用，为移风易俗提供了坚实的制度支撑。

（2）创新宣传方式。这是移风易俗的关键环节。巫溪县充分利用线上线下多种渠道，形成全方位、多层次的宣传网络。线上利用微信群、短视频等新媒体平台，线下则依托宣传车、横幅标语、院坝会等传统方式，实现了宣传的全覆盖与深入人心。同时，该县通过签订承诺书的形式，进一步强化了村民的自我约束与相互监督，促进了文明新风的普及。

（3）发挥乡贤能人的引领作用。这是移风易俗的重要推手。巫溪县依托道德模范等乡贤能人在村民中的影响力，通过他们的言传身教，有效推动了移风易俗"十抵制、十提倡"的落实。这种以身边人说身边事的方式，不仅增强了宣传的亲和力与说服力，也激发了村民参与移风易俗的积极性与主动性。

如今，巫溪县在推进移风易俗方面取得了显著成效。截至目前，全县329个村和社区积极响应号召，近10万户家庭郑重签下了不操办"无事酒"的承诺书。这一行动不仅体现了广大民众对厉行节约、崇尚文明新风尚的坚定支持，也标志着节约意识和文明理念正逐渐深入人心，成为全县人民自觉践行的行为规范。通过这一举措，巫溪县有效遏制了高价彩礼、人情攀比、厚葬薄养、铺张浪费等一系列陈规陋习，曾经盛行的不良风气得到了明显改观，社会风气为之一新，人民群众的幸福感持续增强。

### 3. 弘扬"尊理崇礼"，倡导良好社会风尚

尊理，即尊重社会规范与道德准则，是维系社会秩序、促进人际和谐的基石；崇礼，则强调以礼相待、尊崇礼仪，通过个体的道德修养与

社会责任感的提升，构建文明有序的社会环境。

在乡村治理的实践中，巫溪县尝试对传统文化进行深入挖掘，如观峰村通过深入挖掘孝德文化内涵，将孝德文化融入村规民约，以孝德讲堂、孝德文化长廊等形式，广泛传播孝德理念，有效转变了村风民风，实现了从"乱"到"和"的蜕变。这一案例充分展示了尊理崇礼在乡风文明建设中的重要作用，即通过文化传承与道德教化，引导村民树立正确的价值观，形成和睦相处、尊老爱幼的良好风尚。

柏杨街道与城厢镇则因地制宜、灵活创新。柏杨街道将"邻里文化节"作为培育邻里关系的切入点，围绕端午节、中秋节等传统节日，精心组织"我们的节日"主题活动，开展"巴绣非遗"传统文化进社区活动，常态化举办广场舞、乒乓球比赛等邻里活动，拉近"邻"距离，串起邻里情。城厢镇通过廉洁文化教育活动培育文明新风。这些活动虽然形式不同，但聚焦核心都在于"尊理崇礼"，以"礼"为先，倡导良好社会风尚。

此外，巫溪县深入实施《重庆市文明行为促进条例》，大力实施"新巫溪新风尚"培育工程，各街镇、村社还深入挖掘各自特色文化，精心组织各类主题活动，长红村深入挖掘红色文化，宁厂镇深入挖掘盐文化、巫文化，观峰村深入挖掘孝德文化、农耕文化，共同推动优秀传统文化传承，营造了清风正气、文明有序、民风和美的良好氛围。①

---

① 中国文明网：《重庆巫溪：推进家风传承与尊理崇礼相融合》，http://sdlz.wenming.cn/wmpy/20241021/55f60305db114de1b4c13a47a8853d15/c.html?_refluxos=a10，访问日期：2024 年 12 月 2 日。

# 第八章 生态旅游促进乡风文明建设路径

## 第一节 生态旅游概述

到大自然中去散心、观光、运动、度假、社交、疗养,已经成为当下人们出游的方式,良好的环境以及自然生态成为当代大众追求的目标,也成为未来旅游发展的方向。在这一背景下,生态旅游兴起了。

### 一、生态旅游的产生

生态旅游是旅游的一种特殊形式,它与大自然密切相关,并以大众旅游为特色,是旅游业发展到一定阶段的产物。

#### (一)生态旅游追溯

邓爱民在《现代旅游发展导论》一书中梳理了生态旅游的概念,他总结了以下内容。

(1)生态旅游的产生可以追溯到1965年,其中"生态旅游"一词最先由美国学者贺兹特(Hetzer)提出。贺兹特在对文化、教育以及旅游的反思中提出了"生态的旅游"的概念。

（2）到了20世纪80年代初，"生态旅游及其产品"的说法开始流行。

（3）1980年，加拿大学者莫林（Moulin）在其论文中使用了"生态旅游"这一概念，之后美国学者赫克特（Hechter）、墨西哥生态旅游顾问谢贝洛斯·拉斯克瑞（H.Ceballos Lascurain）积极推行这一概念。

（4）拉斯克瑞对于生态旅游有着独到的见解。他认为，生态旅游并非一种与传统旅游截然分开的旅游形式，而是常规旅游的一种重要且独特的延伸。在拉斯克瑞的视角下，生态旅游不仅能让游客在欣赏和游览古今文化遗产中领略人类文明的博大精深，还能引领他们步入那些相对古朴、原始的自然区域，亲身体验大自然的壮丽风光，近距离观察丰富多样的野生动植物。拉斯克瑞强调，生态旅游的核心在于平衡人类旅游活动与自然环境保护之间的关系。他提倡游客在享受自然风光和野生动植物带来的愉悦的同时，也要尊重并保护这些珍贵的自然资源，确保它们能够得以持续保存，为后代所享用。这一观点不仅体现了生态旅游的环保理念，也凸显了其对促进人与自然和谐共处的重要价值。

生态旅游作为正式概念被提出是在1986年的墨西哥国际环境保护会议上。之后很多学者开展生态旅游的相关概念及实践研究，有的大学开始开设相关的课程，有关生态旅游的国际会议也不断增多。

### （二）生态旅游的定义

生态旅游有以下几种权威定义。①

国际生态旅游协会在1993年给出的定义：以了解当地的文化与自然历史知识为目的，前往自然区域开展的旅游活动，此类活动的开展需在尽量不改变生态系统完整性的前提下，创造经济发展机会，使自然资源的保护能够直接惠及当地居民。

世界自然保护联盟在1996年给出的定义：在一定自然区域中进行的

---

① 韦倩虹、肖婷婷：《生态旅游学》，冶金工业出版社2022年版，第6页。

## 第八章 生态旅游促进乡风文明建设路径

有责任的旅游行为,为了享受和欣赏历史的和现存的自然文化景观,这种行为应该在不干扰自然地域、保护生态环境、降低旅游的负面影响和为当地人口提供有益的社会、经济活动的情况下进行。

2008年《昆士兰生态旅游规划》中的定义:生态旅游包含一系列基于自然的活动,使游客可以欣赏和理解自然与文化遗产。这些活动应本着生态、经济、社会的可持续原则进行管理。

国内外学者从不同角度提出了不同的关于生态旅游的定义,陈玲玲等人在《生态旅游——理论与实践》一书中,将生态旅游的定义概括为六种类型,如表8-1所示。[①]

表8-1 生态旅游定义的六种类型

| 类　型 | 主要观点 | 具体内容 |
| --- | --- | --- |
| 保护中心论 | 观光旅游+保护 | 对旅游资源和环境加以保护 |
| 居民利益论 | 观光旅游+保护+提高社区居民收入 | 增加当地居民收入 |
| 回归自然论 | 大自然旅游 | 回归大自然 |
| 负责任论 | 负责任旅游 | 旅游者对环境和资源承担维护责任 |
| 原始荒野论 | 原始荒野旅游 | 旅游者去人迹罕至的荒野区域 |
| 环境资源论 | 城市和集中居住区居民+人类最佳的生态环境 | 将人类最佳的生存环境因子作为主要旅游资源 |

综合以上定义,可以得到这样的结论:生态旅游属于较高层次的旅游,其目的是通过欣赏和研究旅游地区的自然环境、自然风光、野生动植物、人文历史等,实现对环境的保护。生态旅游的核心在于将生态保护与旅游活动紧密融合。一方面,生态旅游不仅仅是一种简单的旅行方式,更是一种能够带来显著社会效益和经济效益的旅游形态。通过发展生态旅游,当地社区可以获得更多的就业机会,提高居民收入水平,进而促进社会经济的全面发展。同时,生态旅游的兴起也推动了相关产业的发展,如生态住宿、绿色交通、环保餐饮等,为旅游业的多元化发展

---

[①] 陈玲玲、严伟、潘鸿雷:《生态旅游——理论与实践》复旦大学出版社2012年版,第2页。

注入了新的活力。另一方面，生态旅游的独特之处在于其对生态环境保护的积极促进作用。与传统的旅游模式相比，生态旅游更加注重对自然资源的保护和合理利用。它倡导游客在享受自然美景的同时，要尊重自然、保护生态，避免对旅游地造成破坏。生态旅游的开展，可以增强公众的环保意识，提高人们对生态保护的认识和重视程度，从而推动整个社会形成爱护自然、保护环境的良好风尚。总之，生态旅游是一种既能带来经济效益和社会效益，又能促进生态环境保护的旅游模式，它实现了旅游活动与生态保护的和谐共生。

### （三）生态旅游的内涵

具体说来，生态旅游的内涵应当包括以下几个要点，如表8-2所示。

表8-2 生态旅游的内涵

| 四大要点 | 主要内容 |
| --- | --- |
| 要点一：原生系统 | 生态旅游的对象是原生的、和谐的生态系统，包括自然生态系统和人文文化生态系统。在这一原生系统中，人们不仅能获得身心修养，还能了解和认识特定区域的自然景观、野生动植物、人文景观，从而获得良好的体验 |
| 要点二：生态保护 | 生态旅游强调保护当地资源，不仅可以加强对自然资源的保护，还能为环境的保护做出实际的贡献，因此生态保护是生态旅游的一大特点 |
| 要点三：社区参与 | 生态旅游是维系当地人生活，强调社区的参与利益的旅游，对当地的经济、居民的生活品质有积极的作用 |
| 要点四：环境教育 | 生态旅游与环境教育的关系表现如下：首先，生态旅游是进行生态环境教育的知识之旅；其次，环境教育是生态旅游独具的基本特征 |

## 二、生态旅游的理论依据——可持续旅游发展理论

生态旅游的理论基础是可持续旅游发展理论。可持续旅游发展指的是在维持文化整体、保持生态平衡的同时，满足人们对经济、社会、审美的要求。

可持续旅游发展理论的内涵包括以下几个方面。

## （一）旅游业的发展

旅游业的快速发展是保证可持续旅游发展的前提，如果旅游业不够发达，也谈不上旅游的可持续发展。另外，旅游可持续发展过程中的许多问题都需要在发展旅游业的过程中解决。因为旅游业的发展可以促使旅游地提供优质的旅游服务，以便让旅客获得高质量的旅游体验，且旅游业的发展可促进当地经济的发展，这些都为旅游的可持续发展提供了条件。这里旅游业的发展，涵盖的不仅仅是旅游本身，还包括与旅游相关的当地经济、文化、资源开发及保护。

## （二）发展的可持续性

人类发展要实现与自然、环境的和谐共生，就必须坚持可持续发展。这里的可持续不是指时间上的连续运行，而是指自然资源与环境的长期承载力对发展的重要性，以及发展对满足和改善人们需求的重要意义。可持续发展注重的是旅游的长久性，而非某个旅游项目、某种旅游资源是否一直具有生命力。因此，可持续可以理解为动态发展的概念。其要达到的是人类发展与环境、自然资源的和谐发展，也指社会各方面，如经济、文化、环境、生活等方面的和谐、可持续发展。

## （三）可持续发展是一个综合的过程

可持续发展是一个综合的过程，包括合理、有序、科学开发旅游资源，也就是在开发旅游资源的过程中，开发力度要适中，秉持人与自然和谐发展的理念，不能对资源进行破坏性开发和掠夺性开发。特别是一些生态环境本身脆弱的地方，如果被破坏了可能难以恢复，因此必须实施理性开发。

## （四）可持续发展的公平性

公平性体现为发展机会的平等。可持续发展的含义是多层面的，但无论哪个层面都需要注重公平发展。公平性表现为既要强调当代人利用资源的平等性,也要保证不损害后代人的旅游需要,在此基础上进行旅游开发。

### (五)经济发展与环境保护的整体性

人类生存所依存的环境是一个完整、统一的有机体。在这一有机体中,各要素之间是相互联系和相互制约的。经济的发展与人类的行为只有被约束在和谐稳定的系统中,才能实现经济发展与环境保护的整体性。

## 三、生态旅游的特征

生态旅游的特征主要表现为以下四点。

### (一)生态旅游的保护性

生态旅游的区域涵盖自然保护区、森林公园及风景名胜区等,这些区域不仅以其独特的自然风光和丰富的自然资源著称,还蕴含着人文底蕴以及独特的民俗风情,具有很高的旅游价值。然而,这些珍贵的自然与文化瑰宝在使人们心灵愉悦的同时,也对外界影响保持着高度的敏感,其旅游承载量存在明确的阈值。一旦旅游开发与活动超出了这一界限,便会威胁到生态系统的平衡与稳定,进而引发不可逆转的损害。

因此,真正意义上的生态旅游,其核心特性在于保护。生态旅游的保护性强调,在旅游活动中必须严格遵循生物多样性的自然法则,促进人与自然之间的和谐共生。这意味着在生态旅游开发过程中,要摒弃片面追求经济利益的做法,要追求经济、生态、社会三大效益的和谐统一,确保旅游资源的永续利用与环境的可持续发展。生态旅游可以构建既能让游客享受自然之美,又能使自然不受损害,实现人与自然和谐共存的理想旅游模式。

## （二）生态旅游的经济性

在保护环境的同时，人类也要发展经济，因此经济性是生态旅游的一个重要的特征。

基于生态旅游的特殊性，开发生态旅游的地区多是自然保护区、森林公园等，这些地区位置偏远，经济发展相对薄弱，人们仍过着较为传统的生活。生态旅游的引入，为当地提供了大量的就业机会，也获得了一定的经济效益，从而提升了当地居民的生活质量。另外，政府筹集到的资金可以用于基础设施建设和管理工作，这样地区的环保事业也会进一步发展。

需要强调的是，生态旅游所追求的经济利益与传统旅游所追求的经济利益有着本质的区别，生态旅游所追求的经济利益属于环境友好型的经济增强模式，注重的是经济的可持续发展，其中保护环境排第一，经济开发排第二。

## （三）生态旅游的高层次性和普及性

在层次上，生态旅游较传统旅游蕴含着丰富的科学文化知识，专业度更高，可以说生态旅游是一种高层次的旅游活动。

一方面，生态旅游涉及不同的自然景观与人文景观，其背后是不同的系统，这些系统含有大量的专业知识。

另一方面，生态旅游对旅游者也提出了要求，它要求广大游客在旅游过程中自觉保护环境。

生态旅游在未来将成为一种普及性的旅游活动。当前，向往大自然已经成为一种风尚，越来越多的人短暂离开自己的居住地，到别的地方去感受别样的风土人情。随着社会的向前发展，将有更多的消费者加入生态旅游中，普通的旅游者将成为生态旅游的主要消费人群。

### （四）生态旅游的参与性

生态旅游活动是一种深度融合当地人民生活与社区发展的旅游形式。实践表明，让生态旅游真正惠及社区并促进其可持续发展的最佳路径是让当地社区居民广泛参与进来。这种参与不仅限于表面，而是深入旅游的开发、管理乃至利益分配等各个环节，确保生态旅游能够切实担负起发展地方经济与保护自然环境的双重责任。

因此，生态旅游的一个显著特点是其社区参与性，它鼓励并支持当地居民直接参与旅游活动的全过程，包括规划制定、项目实施、运营管理以及收益分享等。通过这种方式，居民不仅能够从旅游业的发展中直接获得经济收益，改善生活质量，还能在参与过程中增强对自然环境的保护意识，主动承担起保护家园的责任。

## 四、比较：生态旅游与传统旅游

### （一）生态旅游相较于传统旅游的鲜明特质

生态旅游作为一种独特的旅游形态，其诞生初衷即为应对传统大众旅游模式的局限。相较于后者，生态旅游彰显出以下几大鲜明特点。

#### 1. 以自然保护为核心原则

生态旅游的核心价值在于对自然环境的尊重与保护，其经济收益的重要部分被专项用于自然资源的维护与恢复，确保旅游活动与自然生态的和谐共生。

#### 2. 可持续性贯穿始终

在规划与实施生态旅游的过程中，人们必须全面考量其在生态、社会及经济层面的可持续性，力求实现旅游发展的长远利益，避免短期行为对环境和社区造成不可逆的损害。

第八章　生态旅游促进乡风文明建设路径

### 3. 强化环境教育功能

生态旅游不仅仅是一场旅行体验，它还承载着提升公众环境意识的重任。通过向当地社区及游客普及生物多样性知识及环境保护理念，它能促进全社会对自然生态的深刻理解与尊重。

### 4. 社区参与利益共享

生态旅游积极倡导并实践当地社区的深度参与，不仅让社区居民成为旅游活动不可或缺的一部分，还确保他们能从旅游业的发展中公平分享经济收益，从而激发社区保护自然环境的内在动力，形成良性循环。

## （二）二者的区别

生态旅游与传统旅游的区别如表8-3所示。

表8-3　生态旅游与传统旅游的区别

| 维　度 | 生态旅游 | 传统旅游 |
| --- | --- | --- |
| 目标市场定位 | 小众市场，聚焦于少量但忠诚的产品深度用户 | 大众市场，覆盖多层次、多元化的细分消费群体 |
| 旅游产品开发 | 产品特色鲜明且专业性强，主打自助旅行体验，蕴含丰富的产品知识 | 产品种类繁多，主打标准化旅游服务，便捷周到，产品知识普及度适中 |
| 社区参与程度 | 社区全面融入旅游开发的各个环节，不仅参与度高且占据主导地位 | 社区在旅游开发中的参与限于特定环节，参与程度较低且处于辅助地位 |
| 景区管理模式 | 管理层面倾向于非高度市场化，注重融入传统、民族与地方特色元素 | 管理高度市场化，积极采用现代管理理念、技术和方法 |
| 环境保护 | 以环境效益为核心，严格遵循生态原则，实施严格的环境监测与容量管理 | 追求经济效益、社会效益与环境效益的和谐统一 |
| 投资与回报 | 投资模式采取小规模、分阶段且分散的方式进行。 | 重视规模效益，倾向于高投入以换取高回报 |

乡风文明建设作用机制及实践路径研究

## 第二节 生态旅游与乡风文明建设的互动关联

要建设乡风文明，最重要的是践行核心价值观，传承中华优秀传统文化，提升村民文化自觉意识，其中也包括留住乡村的绿水青山，因此生态旅游是乡风文明建设的一个重要部分。当前广大农村在寻求发展的同时，力求经济与环境的和谐发展。生态旅游有着深厚的文化基础，当前，在文旅融合的背景下，生态旅游不断深化，促进了乡村旅游这一业态的不断创新，也促进了乡村文化资源和旅游资源的再生，可以说发展生态旅游对实现乡村旅游产业的发展以及促进乡风文明建设有着积极的意义。

### 一、生态旅游与乡风文明建设二者存在互动关联

我国非常重视乡村旅游，在中央一号文件中多次提及，乡村旅游作为促进乡村经济和产业发展的手段，在农村自然、生态、文化等方面有着积极的意义，能促进这些方面的再生与发展。梳理近年来的相关文件不难发现，乡村旅游的发展呈现出以下特点：以共建共享、融合发展为原则，推进乡村旅游与农业、文化、教育、养老、健康等产业的融合；乡村休闲旅游产品的开发是以农业多种业态为基础的；以乡村旅游产业带动农村新型支柱产业，不断凸显乡村旅游产业的实践作用；乡村旅游不断走向跨界发展的态势。

生态与旅游融合的时代，体现出生态作为旅游载体的同时促进旅游朝着生态方向发展，突出旅游中人们通过接近大自然获得身心的愉悦。生态旅游作为乡村旅游在生态、文化上的升级，能不断挖掘乡村的生态优势、文化优势，促进乡村旅游产业的迅速发展。

乡村旅游业态与乡风文明建设的目标关联，进而生态旅游与乡风文明建设存在互动关联，主要表现在两个方面。

在存在方式上，生态旅游是乡风文明建设的方式选择。要实现旅游推动乡村振兴战略，其前提是旅游的有效性，即能实现旅游效果的最大化——带动当地经济、文化、社会等的全面发展。因此，各地需要不断挖掘乡村旅游资源。从旅游到生态旅游并不是简单的资源转化，而是乡村旅游在产业结构、发展模式、文化理念上的调整。生态旅游作为一种高质量的发展模式，通过推行乡村文化及环境上的利用及转换，是开展乡风文明建设的有效手段。

从效益看，乡村全面振兴是生态旅游的效益导向。乡村的生态发展及文化的传承创新是发展生态旅游的重点，社会效益优先是其发展导向。在生态旅游发展过程中，各地凭借乡村的自然优势、民宿优势，利用好乡村的文化优势，发展具有特色的生态旅游，进而塑造、展现乡村面貌，这有助于实现乡风文明建设，实现乡村全面振兴。

## 二、乡风文明建设推动生态旅游的升级

### （一）美丽乡村助力生态旅游发展

1. 营造干净整洁的村容村貌

乡风文明与新农村建设之间存在着紧密关系，两者相辅相成，共同促进乡村的全面进步，营造出人美、景美、乡风美的新时代乡村。在发展乡村生态旅游的过程中，首要任务是为游客精心打造一个宜人的旅游环境，确保每位访客都能享受到舒适愉悦的旅居体验。

值得注意的是，乡村生态旅游的繁荣不能仅仅依赖于乡村的自然风光，更需重视并不断完善乡村的公共基础设施建设。乡村卫生设施匮乏、民居环境欠佳、交通出行不便等，无疑会成为制约乡村生态旅游发展的瓶颈。因此，建设一个整洁、宜居的新农村，需要优化和升级乡村基础

设施，特别是解决那些直接影响游客体验的问题，如提升卫生设施水平，特别是厕所改造，这对于推动乡村生态旅游的可持续发展至关重要。

厕所问题虽小，却关乎城乡文明建设的大局，乡村同样不容忽视。"厕所革命"是乡村振兴战略的具体行动之一，需要从根本上改善乡村居民的生活品质，消除这一长期以来的短板。

随着乡风文明建设的深入推进，乡村社会不仅在物质层面得到了显著改善，还在精神风貌上实现了质的飞跃。村民们对中华优秀传统文化的自豪感与认同感不断增强。乡村社会的和谐氛围日益浓厚，整个乡村风貌焕发出勃勃生机与无限活力。这一切都为乡村生态旅游的蓬勃发展奠定了坚实的基础，让乡村成了一个既富有历史底蕴又充满现代气息的旅游胜地。

2. 人文与景观相得益彰

山川壮丽、河流蜿蜒、荒漠辽阔、风光旖旎，这些皆是大自然的杰作。自然景观是乡村生态旅游不可或缺的基石，相较于喧嚣的城市，乡村以其原始和完整的姿态守护着自然的馈赠，其独特的田园诗画成为吸引游客的重要原因。

而人文景观则是地域文化的直观展现，它们在建造之时便巧妙地融入了浓郁的人文气息，赋予了极高的人文价值。乡村人文景观是人类与自然和谐共生的产物，其魅力在于它深刻反映了乡村居民的民俗文化、生活环境、历史遗产、传统习俗以及多元文化的交融与碰撞。从古老的文物古迹到错落有致的乡村聚落，从辛勤耕耘的田园风光到便捷的道路与产业设施，再到充满地方特色的农庄体验与农家乐餐饮，每一处都承载着丰富的文化内涵和美学价值。

因此，发展乡村生态旅游，应当紧密依托美丽乡村建设的战略蓝图，深入挖掘并弘扬当地独特的文化资源，走差异化、特色化的发展路径。乡风文明建设应通过精心规划和设计，将自然景观与人文景观有机融合，打造既具自然风光之美，又富含文化底蕴的乡村旅游目的地，让游客在享受自然之美的同时，也能深刻感受到乡村文化的独特魅力与深厚底蕴。

### （二）浓郁的民俗风情吸引游客

生态旅游与城市旅游最大的区别在于，乡村生态旅游融入了丰富的民俗风情，这些民俗风情成为发展乡村生态旅游的主要优势。游客在体验生态游的过程中，会激起怀旧心理，尤其在参加传统节庆活动、农民民俗活动时，那种浓浓的乡土气息会让游客产生强烈的共鸣。

## 三、生态旅游对乡风文明的作用

### （一）生态旅游有助于乡风文明的传承与弘扬

中华优秀传统文化是国家和民族传承与发展的基石，一旦丢掉，便等同于切断了中华民族的精神命脉。在此背景下，发展乡村旅游，尤其是聚焦于特色文化旅游，不仅可以为文化的交流与融合搭建桥梁，而且是乡风文明传承与弘扬的重要载体。

在推进这一进程时，人们必须保持高度的文化自觉与责任感。开发旅游项目应坚决避免对中华优秀传统文化的侵蚀，摒弃"一刀切"的粗放开发模式，转而采取精细化的策略，即"取其精华，去其糟粕"，确保中华优秀传统文化的精髓得以保留并发扬光大。

乡村生态旅游的兴起，为农民群体带来了两大福祉。

其一，它激发了农民的环保意识，使他们更加珍视自然生态与文化遗产，从而自觉承担起保护与传承的责任，实现从"要我保护"到"我要保护"的积极转变。

其二，乡村生态旅游的发展也促使农民更加注重村容村貌的改善，将自己的家乡打造成为既富有文化底蕴又宜居宜游的美丽家园。

政府在该过程中应发挥主导作用，通过实施生态工程、制定科学合理的规划，引领乡村旅游的健康发展；通过提升旅游地的整体环境质量，以及进一步推动乡风文明建设，使乡村社会更加和谐有序。同时，随着乡村旅游的繁荣，焕然一新的村容村貌也将成为社会主义新农村建设的亮丽风景线，从而为构建社会主义和谐社会贡献力量。

### （二）生态旅游拥有"造血"的优势

乡村振兴的动力是乡村内因和外因综合的结果。乡村振兴战略与乡村生态旅游产业实践在一系列外在政策推动和内部产业能力拉动的背景下，让乡村振兴有了持续的动力。乡村振兴战略为乡村发展带来了政策红利以及资金上的支持，生态旅游的产业实践则为乡风文明建设提供了内在的产业依据。这种建设方式依靠的是自身的动力，依靠的是乡村产业建设以及产业化发展，不是外来的"输血式"发展，从而实现"造血"功能。这种"造血"，是技术、资源真正下沉到广大乡村地区，是市场意识以及产业方式上的创新，是生产技艺以及生产能力的提升。生态旅游内外综合作用让乡村的旅游产业在乡村振兴中不断发挥作用，不仅调动了广大农村群众投身到社会主义建设中，还实现了乡村的全面、和谐发展。

生态旅游产业实践为乡村发展提供了产业载体。产业是乡村振兴的必然要求，只有产业的发展才能推动乡村发展，才能为乡村提供持续动力。乡村旅游产业的发展为广大农民群众提供了新的生产与生活方式，也为乡村的基础设施建设和公共服务建设提供了外在的动力。乡村旅游产业能不断塑造广大农民群众的现代生活意识，抓住乡村振兴的时代契机，促进乡风文明建设，促进乡村振兴战略的实施。因此，生态旅游产业成为乡村振兴中的高质量产业，同时，它在观念、文化上影响广大村民，从而带来生产、生活方式的改变。生态旅游产业也将带动乡村经济的发展，推动乡风文明建设，消除乡村文化与城市文化的隔阂，重塑乡村新时代的价值观念。

### （三）生态旅游促进乡村的现代化，促进乡村美好生活的实现

乡风文明建设不仅关注乡村文化的振兴，也关注乡村文化振兴所产

生的价值以及所要实现的目标。生态旅游产业实践实现了文化价值与经济价值的统一，在促进乡村旅游产业建设、文化产业建设的同时，致力于实现乡风文明的发展，实现乡村的全面振兴。

生态旅游与乡风文明建设的目标存在一致性，都是为了促进乡村现代化的实现与发展，这一共同目标与广大农民群众息息相关。生态旅游成为实现农民、农村、农业现代化转型的有效途径。生态旅游的发展与城乡不平衡不充分的发展矛盾相关，广大农民群众同样有追求美好生活的权利。在生态旅游发展过程中，农民追求美好生活、渴望舒适的环境等愿望被激发，促进了乡风文明建设。

乡风文明建设不仅涉及乡村风气的改善和文明程度的提升，还关乎统筹城乡发展以及城乡居民各方面素质的提升。乡村现代化可以推动中国现代化目标的实现，让人可以与大自然有更多的亲密接触，甚至让相当多的人同时实现城市梦和乡村梦。这意味着生态旅游对乡村生活秩序的现代化重建。

## 第三节 生态旅游促进乡风文明建设的策略

当今时代，人们对自然环境的关注度日益增加。生态旅游作为一种绿色、可持续的旅游发展模式，正成为推动广大乡村地区经济转型升级、促进乡风文明建设的重要途径。生态旅游不仅为游客提供了亲近自然、体验乡土文化的机会，还为广大乡村地区带来了前所未有的发展机遇，如激发乡村活力、促进文化传承与创新等。

探索生态旅游促进乡风文明建设的有效策略，对于构建和谐社会、实现乡村振兴具有深远的意义。这一策略可以通过以下几个方面深入探讨。

## 一、形象策略：构建生态旅游形象

生态旅游形象的塑造在一定程度上可以促进乡风文明的建设，因为生态旅游在主体、要素、价值、制度上与乡风文明具有高度一致性，因此塑造良好的生态旅游形象，能为乡村营造一幅和谐的生态图景，这为乡风文明的发展提供了环境支持。

生态旅游的形象可以从以下几个方面来塑造。

### （一）加强乡村文化生态的保护

我国自古以来就很重视生态环境的维护，如在一些民族的文化体系中，其生产方式、民俗等方面都蕴含着生态保护理念，这些方面需要强化，因为保护了文化生态也就留住了乡风文明的根基。

在旅游场域中，文化生态将面临变迁，且变迁将成为一种常态。任何民族、任何地区都有谋求发展的自由，因此不能原地不动，否则就违背了大众追求美好生活的愿望。因此，广大乡村地区在开展文化生态旅游时应当做到以下两点。

#### 1. 坚持整体保护的理念

生态旅游不仅仅局限于对自然生态的关注，同样重视对文化生态的保护。在生态旅游的实践中，人们将自然生态和文化生态摆在同样重要的地位，致力于实现二者的和谐共生。保护生物多样性是生态旅游的重要任务之一。通过科学合理的旅游规划和管理，人们努力减少对自然生态的干扰和破坏，为野生动植物提供一个安全、稳定的生存环境。然而，生态旅游并不仅仅局限于自然生态的保护，文化多样性同样是需要被珍视和保护的宝贵资源。每个地方都有其独特的文化背景和历史传承，这些文化元素构成了地方特色的重要组成部分。生态旅游既保护了生物的多样性，也保护了文化的多样性，生态旅游从业者通过挖掘和展示地方文化，让游客在欣赏自然美景的同时感受到文化的魅力。

## 2.采取相对保护主义

在一些传统文化生态的处理上，政府应当给予当地居民一定的自主选择权，让他们按照自身实际来决定去留。在处理文化生态变迁与生态旅游的矛盾时，政府应当建立合理的机制，使各方在利益上达到一种平衡。而对于文化的不同方面，人们应当辩证看待，对于中华优秀传统文化应当积极保护，而对于糟粕应当予以淘汰。

在保护政策上，政府应当坚持持久性，而在实施保护政策的过程中应当具体问题具体分析，保持一定的灵活性。其保护策略因对象不同而存在差异，如表8-4所示。

表8-4 文化生态保护对象的保护策略

| 类 别 | 举 例 | 保护策略 |
| --- | --- | --- |
| 单一实物 | 生活起居、乐器、手工制品、民族服饰 | 原状保护 |
| 建筑类 | 民族村寨、建筑 | 整体保护 |
| 技术类 | 建筑技术、雕刻技术 | 既要传承保护，又要培养继承人，还要整理相关技艺 |

## （二）加强旅游伦理教育

旅游伦理教育的开展有助于提升广大农民群众的文明意识，逐渐让乡风文明成为每个人的自觉行为。乡风文明需要广大农民群众来建设，而凝聚广大农民群众需要通过农民个体的自身行为来影响周围的环境和人，进而影响整个乡村的社会风气。农民群众不仅是乡风文明建设的核心主体，还是这一建设过程的直接受益者。他们生活在乡村，感受着乡村的每一丝变化，也直接地享受着乡风文明建设带来的种种益处。当乡村的社会风气变得更加文明、和谐，农民群众的生产积极性会随之提高，生活质量也会得到显著提升。

当前，广大农村地区需要围绕"人"这个核心展开，对广大农民群众开展爱国主义教育、职业道德教育、家庭美德教育，不断提升农民群众的文化水平和综合素质，引导其树立乡村新风，争做新时代的新农民。

此外，当地的职业院校、旅游机构等需要加强对导游、居民、经营者的培训和职业道德规范，同时相关经营单位也要加强各方面的建设以实现规范经营。

## 二、体系策略：建立乡村生态体系

随着生态文明建设的深入发展，人与大自然和谐共生这一愿景正逐步变为现实。生态文明作为乡风文明建设进程中的重要力量，通过构建宜居乡村环境推动着生态宜居目标的实现。这一目标的实现，急需政府、企业及社会各界的广泛参与和共同努力。

### （一）政府层面

政府应发挥引领与保障作用，制定科学、合理的乡村生态旅游发展规划，促进产业的健康发展，推进乡风文明建设。同时，政府应当加快制定一系列激励政策，鼓励旅游企业、当地居民参与进来，从而形成发展合力。对于在生态保护方面做出显著贡献的旅游企业，政府应允许其合法开展多元化经营活动，如生态康养、文化体育等方面的经营。

### （二）企业角色

生态旅游企业作为连接自然与游客的桥梁，应当秉持可持续发展理念，将环境保护视为旅游开发的灵魂，贯穿始终。企业在资源的开发利用中，不仅要追求经济效益，还要保护乡村自然生态系统的完整与和谐，坚决抵制过度开发，让每一寸土地、每一片森林都得以保持其原始的美丽与生机。为了引导游客走向更加绿色、环保的旅行之路，企业应当积极创新，推广绿色旅游产品。比如，鼓励使用低碳交通工具，如电动汽车、自行车，减少碳排放；提供环保住宿设施，采用节能材料，实施垃圾分类，让游客在享受自然之美的同时能感受到环保的力量。企业要建立健全环境管理体系，从制度上保障环保工作的有序进行；要加强员工培训，让每一位员工都成为环保的倡导者和实践者；通过提升全员的环保意识，让绿色旅行成为企业的文化标签。同时，相关企业还应积极举办环保宣传活动，增强游客及当地居民的环保责任感，这样就实现了生态环境的友好发展，为营造宜居乡村环境、培育良好的乡风奠定基础。

### （三）居民参与

作为乡村环境的直接受益者和守护者，当地居民应自觉增强环保意识，积极参与保护环境的行动。居民可以参加环保教育培训，关注环保资讯，不断提升自身的环保素养。在日常生活中，广大农民群众需要践行绿色生活方式，如垃圾分类、节能减排等。另外，广大农民群众应当积极参与家乡环境保护的决策过程，与政府、企业携手合作，共同推动环保措施的落地实施。居民作为组成社会的元素，其力量是无穷的，有了居民广泛且积极的参与，乡风文明建设将得到重点突破，届时乡村将发挥无穷潜力，最终实现乡村振兴。

### （四）游客责任

作为旅游活动主体的游客，在享受自然美景的同时，应承担起保护环境的责任。在旅行过程中，游客应当严格遵守当地的环保规定，尊重自然，尊重文化，避免对生态环境造成破坏。

## 三、文化策略：增强乡村文化自信

乡村生态旅游的精髓深深植根于乡村文化、自然风貌与田园风光的乡土性中。随着文旅融合理念的兴起，乡村生态旅游的转型升级势在必行，其核心目标是将乡村的地域风情、民俗传统等核心元素巧妙融入旅游体验与服务之中，促进乡村文化的生动传承与广泛传播。在这一过程中，乡村文化得到进一步传播，实现了旅游经济与文化资源的良性互动，加深了民族文化的认同感，提升了村民的文化自信。而乡村文化是乡风文明的重要组成部分，因此发展乡村文化有积极的意义。

从文化策略入手，要增强乡村文化自信，应当从以下三个方面入手。

## （一）坚持本土化发展路径，激发村民对本土文化的自豪感与归属感

各地应不断整合、优化地方文化资源，深入挖掘乡村的历史底蕴和民俗风情，将那些散落于乡间的文化瑰宝串联起来，形成独具特色的文化脉络，同时鼓励村民积极参与，激发他们的文化热情和创造力，共同举办富有地方特色的节庆活动。在此基础上，当地应精心挑选具有创新潜力的民俗元素与特色产品，如传统手工艺、民间故事、地方戏曲等，通过创新融合，打造具有鲜明地域特色的文化品牌，让乡村文化在传承中焕发新的生机与活力，走向更广阔的舞台。

## （二）乡村应积极参与各类特色村落评选活动

乡村需要参加各类评选活动，如参加"中国十大最美乡村""全国乡村旅游重点村"等活动的评选，这些荣誉的获得不仅是对乡村发展的肯定，也是提升乡村知名度与影响力的重要途径。从本质上说，参与评选过程本身也是一次对乡村历史、文化传统的深入学习与传播，有助于进一步增强村民的文化自信。

## （三）地方政府应发挥引领作用

地方政府应当建立有效的宣传平台，深入挖掘并凸显乡村的文化特色。在宣传过程中，地方政府可以采取多元化的宣传渠道，如社交媒体、旅游网站、电视广播等，利用这些渠道实现广泛传播乡村魅力的效果，从而吸引更多游客前来体验。游客的到访，不仅仅为乡村带来实实在在的经济收益，让村民的钱袋子鼓起来，更重要的是在游客与村民的互动中，乡村文化得以展示，外界的文化也得以流入，这种文化的交流与碰撞极大地丰富了乡村的文化内涵。同时，村民在展示自家文化的过程中，感受到了文化的魅力与价值，文化自信油然而生。这份自信激励着他们

更加主动地投入文化的保护与传承之中。

## 四、治理策略：完善治理平台

乡村生态旅游的繁荣是一个多元主体协同合作的过程，涵盖了政府、村民及企业等关键角色。在这一过程中，政府的核心地位尤为凸显，它负责全局规划与战略引领，为乡村生态旅游的可持续发展提供方向。企业则作为运营管理的主体，凭借决策权与管理权，确保旅游项目的有效执行与持续优化。村民作为乡村的根基，在传统模式中往往处于较为边缘的位置，他们主要从事基础性工作，收入有限。为形成乡村生态旅游治理的合力，当地需要构建一个由政府、企业与村民三方共治的平台。在该平台中，广大农民群众与政府、企业享有同等的参与机会与地位，使农民在乡村生态旅游发展中的主体地位得到充分尊重与保障。农民的主体性地位在乡风文明建设上同样适用。

政府需转变职能，从直接管理者转变为制度构建者与服务提供者。具体而言，政府应当着手构建一套健全、完善的制度框架，为各项治理工作提供坚实的制度保障。在此基础上，政府还需不断优化法律法规体系，确保政策环境既稳定又富有活力，能够适应社会治理的新需求。同时，政府应积极提供必要的金融支持，通过资金扶持、税收优惠等措施，激励社会各界参与治理。

针对村民能力有待加强这一现状，政府应联合科研机构、高校及社会服务组织等第三方力量，定期为广大农民群众开展系统的培训与支持。培训不仅应涵盖市场趋势分析、经营管理知识，还应包括服务技能提升等内容。培训可以采用"一对一"或"手把手"的辅导模式，确保培训效果。以湖北神农架大九湖湿地为例，当地政府采取了一系列创新举措来提升旅游经营户的综合素质。他们特邀行业内的专业讲师，为旅游经营户带来生动实用的经营管理课程，传授先进的经营理念和市场营销策略。同时，政府还精心组织实地考察学习活动，带领经营户走进成功的旅游景区，近距离观察学习其服务流程、设施建设和游客接待等方面的先进经验。通过这些举措,大九湖湿地旅游经营户的经营能力和服务水平得到了显著提升,为游客提供了更加优质、专业的旅游体验。

建立合理的农户参与机制同样关键。农户参与机制应确保村民在生态旅游发展的各个环节中都能享有充分的知情权、参与权与决策权,从而增强其主人翁意识与权利意识。政府可以进一步创新方式,通过举办一系列生动有趣的公民权利讲座,以及开展便捷实用的法律咨询服务,来深化村民对自身权利的理解和认识,提升他们参与乡村治理的主动性和积极性,共同推动乡村的和谐发展与繁荣。

## 第四节　案例:绿色发展引领乡风文明建设

2020年,中华人民共和国农业农村部发布了首批共计21个全国村级"乡风文明建设"优秀典型案例,浙江省杭州市淳安县的下姜村凭借独特的绿色发展模式入选。下姜村坐落于淳安县西南的崇山峻岭之中,曾因偏远闭塞、资源匮乏而深陷贫困泥潭,是远近闻名的穷山村。

21世纪初,下姜村以绿色发展为强劲引擎,不断探索与创新,同时深耕乡风文明建设,让古老的村规民约在新时代焕发新生。这些历经六百余年传承的村规,如今被赋予了环境保护、文化传承等现代文明理念的新内涵,巧妙融入村民的日常文化生活之中。

通过这一系列举措,下姜村不仅塑造了积极向上的家风,还培育了淳朴和谐的民风,以及彰显新时代风貌的文明乡风。村庄面貌焕然一新,从昔日的"脏乱差"彻底蜕变为今日的"绿富美",每一处都洋溢着新乡土文化的勃勃生机与时代魅力,绘就了一幅富裕美丽的画卷。

## 第八章　生态旅游促进乡风文明建设路径

### 一、村规民约焕发新活力，共筑乡风文明新生态

家规家训与村规民约，作为乡村社会秩序的基石与文明传承的纽带，在历史的长河中始终扮演着重要角色。下姜村，这个具有深厚文化底蕴的村落，自古以来便以《姜氏家规十六条》《姜氏太公家教》《杨氏家规二十条》《伊氏家规十条》等家族规范，对村民的生活、乡风民俗有着明确的规定，在一定程度上规范了村民的言行举止，传承着中华美德。进入新时代，下姜村积极响应时代号召，将传统家规家训与社会主义核心价值观深度融合，创新性地制定了新版村规民约。这一过程既是对古老智慧的传承与弘扬，也是对现代文明理念的接纳与融合，确保了"老一辈记得住，年轻人能接受"，实现了传统文化的创造性转化与创新性发展。

为使村规民约更加贴近民心、深入人心，下姜村巧妙运用"漫画体"这一生动形象的形式，将十条村规民约以图文并茂的方式呈现在村民眼前，既美观又易记，极大地提升了村民的认同感与参与感。同时，下姜村通过党员和村民代表的示范引领，签订守约承诺，制定《下姜村党员守则》，进一步强化党员干部的表率作用，带动全体村民共同践行村规民约，营造良好的乡风文明氛围。

在推动乡风文明建设的具体实践中，下姜村还注重将宣讲活动与村民的日常生活、生产紧密结合。法治广场不仅为村民提供了一个休闲娱乐的好去处，而且成了传播优秀文化、揭露农村陋习、普及法律知识的重要平台。"法治移动书屋"的设立，更是将法律知识送到了村民的田间地头，实现了法律服务的零距离。

针对民宿、农家乐等新兴产业的发展需求，下姜村还特别组织了专题普法培训，帮助经营业主解决经营过程中遇到的矛盾纠纷，提升他们的法律素养和经营能力。这一系列举措，不仅促进了乡村经济的健康发展，也为乡风文明建设注入了新的活力与动力。

如今的下姜村，正以崭新的面貌展现在世人面前。村规民约的不断

完善与深入实施，正引领着全体村民向着更加文明、和谐、富裕的未来迈进。

## 二、从"脏乱差"到"绿富美"，绿色转型铸就乡风文明新篇章

昔日的下姜村，因交通闭塞、资源匮乏，曾是一个穷山沟，民谣中的"土墙房、半年粮，有女不嫁下姜郎"，道尽了村民的辛酸与无奈。那时，村民为求生计，养猪成风，露天厕所、猪圈污水横流，环境恶劣，加之对森林的过度砍伐，使得四周群山满目疮痍，黄土裸露，生态遭受重创。

进入21世纪以来，随着绿色发展理念的深入人心，下姜村迎来了翻天覆地的变化。2003年，沼气项目的成功实施，成为下姜村生态环境改善的里程碑。沼气池不仅解决了生活污水和能源问题，还激发了全村对绿色发展的向往。沼气池的推广使用，减少了对林地的砍伐，保护了生态环境，同时提高了村民的生活质量，实现了经济效益与生态效益的双赢。

以此为契机，下姜村"两委"果断行动，对山林实施封山育林，建设公共厕所、自来水系统、垃圾处理站和污水管网，推广太阳能热水器等清洁能源。这一系列举措让村庄环境焕然一新。2011年，村里还规定严格限制林木砍伐，进一步巩固了生态保护的成果。

在绿色发展的道路上，下姜村不断前行。通过编制《村庄整治规划》和《农业产业规划》，实施河道清淤、污水处理等项目，下姜村逐步构建起绿色生态的产业体系。民宿业的兴起更是将下姜村的绿水青山转化为金山银山，游客在这里体验登山赏花、挖笋采野菜等乡村乐趣，也为村民带来了可观的收入。

如今的下姜村，已从一个"脏乱差"的穷山沟蜕变为"绿富美"的生态示范村。绿色环保不仅成为村民的自觉行动，还融入乡风文明建设之中。在返乡创业的热潮中，村民纷纷将生态底线放在首位，投资项目

时优先考虑对自然风貌的影响和水体保护，展现出下姜村人对绿水青山的深情厚谊和坚定守护。下姜村的绿色转型之路，是新时代乡村振兴的生动实践，也是乡风文明与生态文明建设有机结合的典范。在这里，"绿水青山就是金山银山"的理念深入人心，绿色发展成为全体村民的共同追求和行动自觉。

### 三、传承文化底蕴，激发乡村活力

拥有近千年历史的下姜村，古称"雅墅峡涧"，有着深厚的文化底蕴。在乡风文明建设的过程中，下姜村巧妙地将农耕文化的精髓与现代文明元素相融合，为古老的传统注入了新的时代活力，让乡村文化焕发出勃勃生机。

自2012年起，下姜村便开始修撰村志，旨在将村庄的辉煌历程、杰出人物及丰富多彩的民俗风情一一记录，让后人铭记。八月初三的丰收庆典、伊家十三锣的激昂以及代代相传的传统手工艺，都成为村志中不可或缺的篇章，在村志中得到展现。

随着乡村旅游的兴起，下姜村更是将传统文化与现代创意紧密结合，大力发展文创产业。在村集体的支持下，一批传统手艺人重焕新生，他们的篾匠铺、剪纸坊、打铁铺、石头画工作室等不仅保留了古老的技艺，还融入了现代审美，创造出一系列独具特色的文创产品，让游客在品味乡村风情的同时，能感受到下姜村独特的文化魅力。

为了激励美德的传承，下姜村设立了"红黑榜"评比机制，每季度对美丽庭院、好人好事、家风建设等方面进行表彰。特别是在春节的联欢晚会上评选出的"好婆婆""好媳妇""十佳孝子"等称号，更是成为村民们竞相追逐的荣誉。在这里，每个家庭都有值得称颂的故事，感人事迹层出不穷。

与此同时，下姜村还致力于构建完善的公共文化服务体系，满足村民日益增长的文化需求。文娱广场、文化礼堂、农民书房等文化设施相继建成，为村民提供了丰富的精神食粮。特别是下姜书房，其藏书量已达 7000 余册。同时，下姜书房还定期与周边村庄进行书籍交换，让村民能够共享知识资源，拓宽视野。

针对村里留守妇女，下姜村成立了舞蹈队，吸引妇女村民加入。从大型水上舞台剧到日常的广场舞，下姜村的文艺活动丰富多彩，几乎全村有舞蹈基础的村民都能参与其中。村里还特聘了文化员负责舞台和文娱广场的日常管理，为村民提供了坚实的后勤保障。

下姜村每年还举办多场大型传统文化活动，如春节联欢晚会、九九重阳节庆典、下姜文化旅游节以及八月初三丰收节等。这些活动不仅丰富了村民的精神生活，也成了下姜村对外展示文化魅力的重要窗口，让下姜村的文化品牌远播四方。

下姜村的成功实践既是对传统文化保护与传承的有力践行，又是乡村振兴战略中乡村文明建设的具体体现。通过举办各类传统文化活动，下姜村保留了乡村的文化记忆，激发了乡村的内生活力，切实推动了乡风文明建设，有助于构建乡村社会的文化自信，促进乡村社会的全面发展。同时，这些活动也为下姜村带来了更多的外部关注和资源流入，为乡村的可持续发展奠定了坚实的基础。

# 参考文献

[1] 邹荣:《宁夏乡风文明建设与旅游》,阳光出版社 2021 年版。

[2] 朱启臻:《新农村乡风文明》,中国农业大学出版社 2007 年版。

[3] 徐永成:《乡风文明解读》,甘肃文化出版社 2006 年版。

[4] 孙树志:《居有其所 美丽乡村建设》,中国民主法制出版社 2016 年版。

[5] 郭剑平:《治理视野下民俗习惯与新农村建设研究》,中国政法大学出版社 2017 年版。

[6] 吴恒同:《湖南省乡风文明调查报告》,湖南人民出版社 2020 年版。

[7] 中国政策研究网编辑组:《乡村振兴：政策解读与经验集萃》,中国言实出版社 2019 年版。

[8] 张琦:《中国乡村振兴政策与实践热点评论》,经济日报出版社 2022 年版。

[9] 何关银:《西南地区乡村振兴研究——以经济发展视域》,重庆大学出版社 2022 年版。

[10] 赵晓红、俞又琪:《文旅融合助推云南乡村振兴的实践与思考》,云南大学出版社 2022 年版。

[11] 杨斌:《乡村振兴 奋斗有我：湖南百名优秀农民大学生逐梦纪实》,湖南大学出版社 2023 年版。

[12] 陆光海:《水族聚居区脱贫攻坚与乡村振兴实践研究》,江西科学技术出版社 2020 年版。

[13] 彭海红:《中国特色社会主义乡村振兴道路》,人民日报出版社 2022

年版。

［14］段凡:《乡村振兴战略与农业法治：农村法律问题与案例解析》,中国法制出版社2019年版。

［15］杨秋生、牛扎根:《中国村庄这十年：乡村振兴百村调研报告选编》,研究出版社2021年版。

［16］张跃彬、邓军、董晓波:《乡村振兴典型模式与案例》,云南大学出版社2022年版。

［17］延津农商银行:《乡村振兴的好故事》,河南人民出版社2021年版。

［18］许维勤:《乡村治理与乡村振兴》,鹭江出版社2020年版。

［19］孔祥智、张怡铭:《三农蓝图——乡村振兴战略》,重庆大学出版社2022年版。

［20］郑旺盛、毅剑、许凌宇:《互助：中国乡村振兴的力量》,河南文艺出版社2022年版。

［21］王美玲、李晓妍、刘丽楠:《乡村振兴探索与实践》,宁夏人民出版社2020年版。

［22］朱永梅、周宏辉、李小轩:《乡村振兴政策与法律法规手册》,内蒙古科学技术出版社2023年版。

［23］西北农林科技大学:《乡村振兴的青年实践——西北农林科技大学师生乡村调查的思索》,中国青年出版社2019年版。

［24］兰州大学县域经济发展研究院、兰州大学乡村振兴战略研究院课题组:《乡村振兴的理论、政策与实践》,兰州大学出版社2020年版。

［25］吴迪:《乡村振兴视域下中华优秀传统文化融入乡风文明建设的路径探析》,《智慧农业导刊》2024年第17期。

［26］杨果、张欣:《文明新风促乡村蝶变》,《广元日报》,2024年8月21日第2版。

［27］方祥、曲新宇:《凝聚乡贤力量 培树文明乡风》,《驻马店日报》,2024年8月21日第5版。

［28］杜济中、王诺:《临西县东留善固村：村民自治章程 引领文明乡风》,

《燕赵农村报》，2024年8月17日第8版。

［29］于淼：《乡风文明新风尚脱去旧貌换新装》，《共产党员》2024年第16期。

［30］牟汉杰、陈银银：《河南光山县帅洼村：巧用三妙招 乡风更文明》，《农民日报》，2024年8月15日第5版。

［31］段婧婧：《乡村振兴之乡风文明建设：时代意蕴、科学内涵与实现路向》，《农业经济》2024年第8期。

［32］刘壮、汪重山、刘姝妍：《安陆市陈店乡：塑文明乡风促乡村振兴》，《孝感日报》，2024年8月5日第4版。

［33］王安平、黄雨蝶：《农村优秀传统文化：推进乡风文明建设的重要载体》，《渭南师范学院学报》2024年第8期。

［34］安娜：《新时代文明新风蔚然成风》，《兰州日报》，2024年8月1日第6版。

［35］李辉、李善喜：《文明乡风促振兴》，《南阳晚报》，2024年7月30日第2版。

［36］黄婕：《新时代乡风文明建设内涵与思想道德建设路径探索》，《河南经济报，2024年7月27日第9版。

［37］毕雪蒙、王建立、胡鑫、韩晓贺：《乡村振兴战略背景下乡风文明建设路径研究》，《村委主任》2024年第14期。

［38］苏翠敏、苏志刚：《涵养家风民风乡风 筑牢乡村振兴之基》，《现代农村科技》2024年第8期。

［39］刘壮：《乡村振兴战略背景下乡风文明建设研究》，《南方农机》2024年第14期。

［40］张振翼、梁辰：《让文明之风浸润达乡》，《齐齐哈尔日报》，2024年7月18日第1版。

［41］王峥：《多举措破除陋习 营造浓厚文明乡风》，《鹤壁日报》，2024年7月18日第2版。

［42］马亚兰：《三城镇移风易俗促文明聚民心助发展》，《滁州日报》，2024

年7月15日第5版。

[43] 陈吉庆、田庆：《乡村振兴视域下乡风文明建设的价值、困境及路径》，《农业经济》2024年第7期。

[44] 陈珊娜：《"村BA"火爆登场 篮球运动再塑乡风文明》，《汕头日报》，2024年7月12日第8版。

[45] 宋仁志、张岚岚：《移风易俗"小切口"推动乡风"大文明"》，《濮阳日报》，2024年7月10日第3版。

[46] 王振艳、李佳蕊：《非遗赋能乡村振兴的机能、机理及政策供给机制》，《学术交流》2023年第9期。

[47] 陈航、王跃伟：《乡村旅游高质量发展赋能乡村振兴潜力评价及障碍因素诊断》，《中国农业资源与区划》2024年第3期。

[48] 项松林、孙悦：《新时代背景下乡村振兴发展水平测度、分析与展望——以安徽省为例》，《资源开发与市场》2023年第9期。

[49] 刘惠良、肖华茂、刘红峰：《基于绿色发展的乡村振兴水平测度及其驱动因素》，《中南林业科技大学学报》2023年第8期。

[50] 施轩：《以法治力量滋养"文明乡风"》，《通辽日报》，2024年7月5日第1版。

[51] 刘丽伟：《中国式乡村文化振兴：理论内涵、价值耦合及未来进路》，《东北师大学报（哲学社会科学版）》2024年第4期。

[52] 邓宝玲、黄德勇：《新乡贤文化助力乡村振兴》，《村委主任》2024年第12期。

[53] 瞿欣含：《湄潭：聚焦乡风文明建设 推进乡村文化振兴》，《贵州农机化》2024年第2期。

[54] 王芳、胡立君：《乡村振兴对城乡均衡发展影响的实证检验》，《统计与决策》2024年第11期。

[55] 李芳、张建航：《以乡风文明建设助推中华民族现代文明发展——基于第三批全国村级"文明乡风建设"典型案例的分析》，《学习论坛》2024年第3期。

[56] 杨冬梅：《乡村振兴战略背景下的乡村教育及其实践路径》，《中国大学教学》2024 年第 5 期。

[57] 刘儒、何莉：《以绿色发展促进乡村全面振兴：目标任务、基本依循与路径优化》，《西北农林科技大学学报（社会科学版）》2024 年第 3 期。

[58] 周春霞：《新乡贤助力乡村振兴：村庄差异、新乡贤类别与作用模式选择——以粤西地区 Z 市四类村庄为例》，《西南大学学报（社会科学版）》2024 年第 3 期。

[59] 李泽璐、马会颖：《乡村振兴视阈下农村地区美好生活的路径探析》，《农业经济》2024 年第 3 期。

[60] 戴彬、钟婷婷、聂真新：《乡村振兴背景下民族传统体育现代化发展研究》，《体育文化导刊》2024 年第 2 期。

[61] 何华征：《论生产方式视域下乡风文明的生成机制与建设路径》，《现代经济探讨》2024 年第 2 期。

[62] 杨建、徐康、陈彬：《乡村振兴促进共同富裕的理论机制与实证检验》，《统计与决策》2024 年第 1 期。

[63] 金栋昌、陈怀平：《乡村文化振兴的方法论审视》，《中国高校社会科学》2024 年第 1 期。

[64] 冯志宏：《习近平文化思想之乡村文化理论与实践》，《深圳大学学报（人文社会科学版）》2024 年第 1 期。

[65] 何慧、郑霖豪、任羽卓：《人文经济引领新时代乡村振兴：理论逻辑、现实挑战和实现路径》，《价格理论与实践》2023 年第 10 期。

[66] 刘佳、赵青华：《乡村旅游发展对乡村振兴的影响效应——基于新内源性发展理论的实证检验》，《农业技术经济》2025 年第 3 期。

[67] 陈伍香：《乡村旅游质效提升与乡村振兴耦合机理研究——以龙胜各族自治县、雷山县、景洪市为例》，《贵州社会科学》2023 年第 12 期。

[68] 吴钊骏、吴大放、李升发、梁逸璇、高子雅、黄思喻、黄思凯：《乡村振兴水平时空特征及其影响因素——以广东省为例》，《水土保持通报》2023 年第 6 期。

［69］王丹、吴杨：《"新村民"赋能乡村振兴的机理与路径研究——基于浙江省青山村的个案考察》，《重庆社会科学》2024年第6期。

［70］张靖、陈心雨：《公共图书馆与乡村文化振兴的"广东实践"》，《图书馆论坛》2023年第12期。

［71］邓梦楠、李书娟：《乡村体育产业高质量发展赋能乡村振兴思考》，《体育文化导刊》2023年第10期。

［72］李涛、吴贞尧：《从脱贫到振兴：衔接模式、政策执行与生活质量提升》，《经济问题》2023年第11期。

［73］王轶舫：《乡村振兴视域下乡风文明建设的价值意蕴、现实困境与实践路径》，《农业经济》2023年第10期。

［74］杨辉宇、仝德：《共同富裕目标下乡村振兴耦合协调发展评价——以广东省为例》，《北京大学学报（自然科学版）》2023年第5期。

［75］张恒：《乡风文明促振兴》，《当代贵州》2024年第30期。